丛书主编

王大明　刘兵　李斌

编委会成员

（按姓氏音序排列）

陈印政　柯遵科　李斌

李思琪　刘兵　曲德腾

孙丽伟　王大明　吴培熠

杨可鑫　杨枭　张前进

永不遗忘的天才

经典物理大师

王大明　编

中原出版传媒集团
中原传媒股份公司

大象出版社
·郑州·

图书在版编目(CIP)数据

永不遗忘的天才：经典物理大师 / 王大明编. —
郑州：大象出版社，2021. 6 (2025. 9 重印)
(中外科学家传记丛书 / 王大明，刘兵，李斌主编)
ISBN 978-7-5711-0869-4

Ⅰ.①永… Ⅱ.①王… Ⅲ.①物理学家-列传-世界-近现代 Ⅳ.①K816. 11

中国版本图书馆 CIP 数据核字(2020)第 248746 号

中外科学家传记丛书

永不遗忘的天才　经典物理大师

YONG BU YIWANG DE TIANCAI　JINGDIAN WULI DASHI

王大明　编

出 版 人	汪林中
项目策划	刘　兵　李光洁
项目统筹	成　艳　陶　慧　王曼青
责任编辑	成　艳
责任校对	霍红琴
装帧设计	王莉娟

出版发行	大象出版社(郑州市郑东新区祥盛街 27 号　邮政编码 450016)
	发行科　0371-63863551　总编室　0371-65597936
网　　址	www.daxiang.cn
印　　刷	河南瑞之光印刷股份有限公司
经　　销	各地新华书店经销
开　　本	890 mm×1240 mm　1/32
印　　张	6.25
字　　数	132 千字
版　　次	2021 年 6 月第 1 版　2025 年 9 月第 3 次印刷
定　　价	23.00 元

若发现印、装质量问题，影响阅读，请与承印厂联系调换。
印厂地址　武陟县产业集聚区东区(詹店镇)泰安路与昌平路交叉口
邮政编码　454950　　　　电话　0371-63956290

总 序

马克思和恩格斯合写于19世纪40年代的《共产党宣言》中，曾有这样一段生动的描述："自然力的征服，机器的采用，化学在工业和农业中的应用，轮船的行驶，铁路的通行，电报的使用，整个整个大陆的开垦，河川的通航，仿佛用法术从地下呼唤出来的大量人口——过去哪一个世纪料想到在社会劳动里蕴藏有这样的生产力呢？"马克思和恩格斯说的那一切，还不过是19世纪的景况。到了21世纪的今天，随着核能、电子、生物、信息、人工智能等各种前人闻所未闻的科学技术的飞速发展，人类社会面貌进一步发生了翻天覆地的甚至马克思那个年代都无法想象的巨变。造成所有这一切改变的最根本原因，毫无疑问，就是科学技术。而几百年来，推动科学技术发展的直接力量，就是一大批科学家和技术专家。

中国是这几百年来世界科学技术革命和现代化的后知后觉者，从16世纪末期最初接触近代自然科学又浅尝辄止，到19世纪中期晚清时代坚船利炮威胁下的西学东渐，再到20世纪初期对"德先生"和"赛先生"的热切呼唤，经过几百年的尝试，特别是近几十年的努力，已逐渐赶上世界发展的潮流，甚至最近还有后来者居上的势头。例如，中国目前不但在经济总量上居于世界第二的地位，而且在科学研究的多个前沿领域也已经名列国际前茅。最可贵的是，中国已经形成了一支人数众多、质量上乘的科研队伍。

利用科学技术来推动社会经济的发展，中国已经尝到了巨大甜头，科学技术是第一生产力的观点深入人心。从政府到民间，大家普遍关心如何进一步落实科教兴国战略、推动创新促进发展，使中国在科技创新方面更具竞争优势，培养和造就出更多的科技创新人才，使中国在现代化道路上能走得更长远、更健康。

为实现上述目标，一方面需要提高专业科学研究队伍的水平，发扬理性思考、刻苦钻研、求真求实、勇于创新的科学精神；另一方面也需要增强和培育整个社会的公众科学素养，造就学科学、爱科学，支持创新、尊重人才的文化氛围。这套"中外科学家传记丛书"的编辑和出版，就是出于这样的考虑。

通过阅读和学习科学家传记，一是可以更深刻地理解科学家们特别是那些在重大历史转折关头做出了伟大贡献的科学家的科学思想和创新方法，二是可以更鲜活地了解到科学家们的科学精神和品格作风，三是可以从科学家们的各种成长经历中得到启发。

本丛书所收录的200多位中外著名科学家（个别其他学者）的传记，全部都来自中国科学院1979年创刊的《自然辩证法通讯》杂志。该杂志从创刊伊始就设立了一个科学家人物评传的固定栏目，迄今已逾四十年，先后刊登了200多篇古今中外科学家的传记，其中包括文艺复兴时期的欧洲科学家、远渡重洋将最初的西方近代科学知识带到中国的欧洲传教士，当然大部分都是现代科学家，例如数学领域的希尔伯特、哈代、陈省身、吴文俊等，物理学领域的玻尔、普朗克、薛定谔、海森伯、钱三强、束星北、王淦昌等，以及天文学、地学、生物学、计算机科学和若干工程领域的科学家。值得指出的是，这些传记文章的作者，大都是在相关领域学有专长的专家学者。例如：写过多篇数学家传记的胡作玄先生，是中国科学院原系统科学研究所的研究员；写过多篇物理学家传记的戈革先生，是中国石油大学的物理学教授；此外还有北京大学、清华大学、上海交通大学、中国科技大学等多所国内著名大学的教授，以及中国科学院、中国医学科学院和中国科技协会等研究机构的专家。所以，这些传记文章从专业和普及两个角度看，其数量之多、涉及领域之广、内容质量之上乘、可读性之强，在国内的中外科学家群体传记中都可以说是无出其右者。

考虑到读者对象的广泛性，本丛书对原刊物传记文章进行了重新整理编辑，主要集中在如下几个方面：一是在总体设计上，丛书共分 30 册，每册收录 8 个人物传记；二是基本按照学科领域来划分各个分册；三是每分册中的人物大致参考历史顺序或学术地位来编排；四是为照顾阅读的连续性，将原刊物文章中的所有参考资料一律转移到每分册的最后，并增加人名对照表。

当前，中国正处在从制造大国向创造大国转变、急需更多科技创新和科技人才的重要历史时刻，希望本丛书的出版对于实现这个伟大目标有所裨益，也希望对广大青少年和其他读者的学习生活有所帮助。

目 录

001
奥斯特 伟大的科学家、教育家

021
莫培督 一个被遗忘的天才

039
亥姆霍兹 罕有的全才

065
玻耳兹曼 一位深受哲学困扰的物理学家

081
迈尔 能量守恒定律的发现者

105
麦克斯韦 经典物理学的巨匠,现代物理学的先师

131
赫兹　杰出的物理学家和敏锐的思想家

153
洛伦兹　把经典物理学推上最后高度的人

177
参考资料

184
人名对照表

奥斯特

伟大的科学家、教育家

汉斯·克里斯蒂安·奥斯特
(Hans Christian Oersted, 1777—1851)

奥斯特是丹麦人民引以为骄傲的伟大科学家和教育家。在哥本哈根有一条繁华而美丽的长街，名字是"奥斯特路"，有一个漂亮的公园叫"奥斯特公园"，公园里有一座巍峨的奥斯特雕像。1908年，丹麦自然科学促进学会颁布了"奥斯特奖章"，奖励对物理学做出重大贡献的科学家。1934年，"奥斯特"被国际物理学界决定作为磁场强度的单位（高斯单位制）。丹麦和全世界人民永远铭记他对科学事业做出的巨大贡献。

奥斯特不仅是一位伟大的科学家，还是一位伟大的教育家。为了表彰他对教育事业做出的卓越贡献，美国物理教师协会于1937年颁布了另一种"奥斯特奖章"，奖励做出卓越成就的物理教师，第一次荣获这个奖章的是美国哈佛大学的物理教授霍尔。

但遗憾的是，对于奥斯特的杰出贡献，从1821年起，就存在着某些不公正的评价。虽然国内外先后有人对这些不公正评价做出了一定的反驳，但仍有不少著作依旧沿袭谬见，使人如鲠在喉，不吐不快。例如，美国的帕克在1986年出版的《爱因斯坦的梦》一书中写道："电与磁的联系是由丹麦科学家奥斯特指出的。一天，奥斯特正在教室里演示电流，当他把导线接上电源时，碰巧有一个指南针靠在一根导线旁。他注意到，每次接上电源时，指南针就摆动，这只在有磁场产生时才可能发生。因此，由这一简单的幸运事件，奥斯特做出了电流产生磁场的演示实验。"温伯格在一本科普著作中也写出令人不解的话:"发现电磁现象的荣誉属于奥斯特,这一发现的起源不很清楚。据一篇报道说,哥本哈根大学物理教授奥斯特在 1820 年年初的一次讲课示范时注意到,当电流流过罗盘附近的导线时,罗盘指针发生了偏转。"温伯格的话虽然不像帕克那么明显,但似乎隐含着同样的想法:奥斯特的发现是偶然的。

类似的说法在国内著作中也常有出现,这里不一一列举。实际上,奥斯特的发现并非偶然,而是有其深刻的思想和实践基础。那种认为其发现不过是个偶然的幸运事件,并且流传了两个世纪的谬误之见,不仅影响我们对一个伟大人物的评价,也影响我们对物理学发展历史的正确认识,有必要加以澄清。另外,对于奥斯特在教育事业上的贡献,国内尚未有过较为详尽的介绍,这也是本文所要弥补的一个缺憾。

一、奥斯特的科学哲学观

奥斯特于 1777 年出生在丹麦一个名叫鲁兹克宾的小岛上。他的早期教育比较混乱:先是从一位年长的德国商人的妻子那儿得到启蒙,学习读书和写字;而后商人自己教他德语和加法、减法;随后奥斯特从一位少年那儿学会乘法,又从一位教师那儿学会除法;还有一位大学预科生教他拉丁文,一位镇上的法官教他法语和英语。从 11 岁起,奥斯特帮他做药剂师的父亲配药。从父亲那儿,奥斯特学到了一些化学的基本知识,从而激发了他对自然科学的兴趣。

1794 年,17 岁的奥斯特来到哥本哈根,成为大学预科生;第二年，他进入了哥本哈根大学，攻读自然科学。在大学期间，他曾因两篇论文获得两次大学金质奖章：第一次是因为一篇美学论文，第二次是因为一篇关于安尼奥廷液体的产生和功能的医学论文。也正是在这个时期，奥斯特对康德的批判哲学产生了强烈的兴趣。1798年，一份新刊物在哥本哈根诞生了，这份新刊物的宗旨就是研究康德的哲学。奥斯特是该刊编辑之一。在这份刊物上，他发表了一篇题为《论自然科学的形而上学基础》的论文，文章中他阐述了康德哲学思想对自然科学的指导作用。1799年，奥斯特因为这篇论文获得了哲学博士学位。对康德批判哲学的全面研究，使奥斯特具备了一种系统思考问题的敏锐能力，为他日后的科学研究奠定了有益的基础。但同时非常不幸的是，由于他认真研究过康德等人的自然哲学观点，这又为他生前和身后带来了许多麻烦，包括前面提到的对他不公正的评价。

首先遇到的麻烦是他找工作十分困难。1800年他申请在哥本哈根大学任教，结果因为他倡导康德的哲学遭到学校当局的反对；后来，由于奥斯特的许多朋友的帮助，学校当局才任命他为没有工资的助教，每星期给医药系学生讲授两小时课程。这绝不是一个令人羡慕的职位，但奥斯特却怀着极大的热情接受了，因为他天生就热爱教育这项事业。虽然这不会为他带来金钱，但却给他带来幸福、快乐和充实。上任以后，他还自作主张地为学生增加了实验课程。当时，不仅在丹麦，而且在欧洲其他许多地方，实验室还鲜为人知，奥斯特也只能利用他管理的制药设备和场地开设实验课。同一年，奥斯特还进行了他科学生涯中的第一次物理研究，制造出一个结构新颖的小蓄电池，发明了一种气体伏特计。

由这两件事我们可以看出，奥斯特虽然终生都非常看重康德、谢林、费希特等人的自然哲学观点，但与他们不同的是，他始终不渝地将他的哲学观直接应用到自然科学的研究之中，而不像他们中的大部分人终日忙于滥用自然哲学观点而不做任何一点实验研究。

1801年，年仅24岁的奥斯特得到了一次出国考察的机会，时间是两年半。

他首先在柏林停留了半年，认识了费希特、施莱格尔兄弟等自然哲学家，并对谢林的自然哲学思想进行了全面的研究。谢林的伟大目标是创立一种原则上来说是新型的物理学，他认为传统物理学探讨的只不过"仿佛是自然界外表"的东西，而他想创立的"自然哲学"或者"抽象推论物理学"则与此相反，是直指自然界"内在的驱动装置"。谢林蔑视对个别现象做辛勤的分析，认为这不过是只见树木不见森林的肤浅玩意儿，他还因此嘲弄认真仔细的实验和观察。结果，物理学在19世纪初发生了严重的分裂。在谢林和他的追随者看来，自然哲学理所当然地应该取代物理学；但是，绝大部分在认真进行自然科学研究的科学家们，尤其除德国外的其他欧洲国家的科学家们，对自然哲学这种崇尚抽象思辨、热衷于创造统一而庞大完整的理论体系、轻视实验的观点，持激烈反对的态度。在当时科学界中，"自然哲学"几乎是一句骂人的话。奥斯特知道，倡导、宣扬谢林的自然哲学会受到科学界的反对，要冒危险，日后他更是亲身体会到了这一点，但他仍然全面研究了谢林的自然哲学思想，并深受他的影响。但奥斯特绝不轻视实验，他只是同意自然哲学的主要观点：所有的自然力都是由同一基本原因引起的。

正是由于重视实验，奥斯特在柏林逗留半年之后就到耶拿去拜访里特尔。里特尔是一位年轻的化学家，1799年当他从事化学实验研究时，他发现金属接触空气发生了氧化作用，1800年又发现电流分解水时可得到氢和氧。这些研究证明，电效应是与化学反应紧密联系在一起的。这件事使谢林大受启发和鼓舞，也使他对原来倡导的自然哲学深信不疑，并把"动力论"（即"力"这种非物质客观实体是自然界中可以找到的最终和最深刻的东西，而且电、磁、热、光等诸种"力"均可相互转化）作为他的自然观的基础。里特尔的实验也吸引了奥斯特。结识了里特尔以后，奥斯特和里特尔一起做了许多电流方面的实验，成功地揭示了电、热、光和化学效应之间的联系。在磁力的研究中虽遇到一些麻烦，但没有影响奥斯特对动力论的信念。在德国逗留的这段时间里，"奥斯特已经成了一个彻头彻尾的动力论者"。

1802年，奥斯特去了巴黎，并在巴黎逗留了一年多。在这一年多时间里，他开始因为法国没有德国那种哲学氛围而不习惯，但渐渐地他开始接受和欣赏法国高度发展的自然科学。有一次在听了法国生物学家居维叶的演讲后，他写道："这是我有机会参加的讲座中最有意义的讲座。他所从事的研究充满了自然历史的哲理，他所描述的是科学的精华。"

在法国，奥斯特对法国有名气的综合工业学校最感兴趣，尤其看重为学生们开设的实验课程，为此他曾感叹地说："柏林那种没有实验技艺的、枯燥的演讲，一点儿也不能引起我的兴趣，因为所有的科学进步，毕竟都从实验开始。"

可见，在法国一年多的访问，大大冲淡了德国自然哲学对他的影响，使他离开了那种过分热衷于纯思辨的推理的氛围。虽然奥斯特仍然相信力的统一图景，但离开那种氛围对他毕竟是有利的。

1812年，奥斯特再次出国访问，在柏林和巴黎逗留了一年多的时间。这时他更成熟了，对德国自然哲学采取了更进一步的批评态度。他在1813年出国访问时写的一本书《关于化学力和电力的同一性研究》中写道："我坚信，……一个伟大的基本的统一渗透了整个自然，但在我们确信这一点时，我们有双倍的必要把注意力转向多姿多彩的世界，这个真理在这个多彩的世界里可以得到确证。如果我们不这样做，统一就会成为一个无聊、空虚的观点。"

由这段话我们可以看出，奥斯特这时仍然坚信力的统一的自然哲学观点，但他同时决心在丰富的自然世界里用实验去证实这一观点，而不仅仅耽于无聊、空虚的思辨和争论。应该说，此时的奥斯特已经具有正确的科学哲学观。这种科学哲学观不同于谢林的自然哲学观，而是一种终于使奥斯特做出了伟大发现的科学哲学观。可惜的是，当时科学界正在把自然哲学当作落水狗痛打，任何一个科学家只要一谈自然界的统一，都立即会被科学界避而远之。当时，法国科学界对奥斯特关于电化学的研究结果，就由于奥斯特的自然哲学气味而持犹豫态度，虽然书在巴黎出版了，但那"气味"令法国同人忧心忡忡。笔者认为，不承认或没有认识到奥斯特在1820年以前的这种科学哲学观的重要变化，我们就会像温伯格那样认为奥斯特电流磁效应的伟大发现的起源"不很清楚"，也会像帕克等许多人那样不公正地评价奥斯特伟大的发现。

1822年，奥斯特在第三次出国到德国、法国、英国访问时，更清楚、明确地表达了他的科学哲学观。1823年1月9日他在给妻子的信中写道：

> 在诗歌和哲学界，最近几年我没有发现德国有什么新星升起，实验科学领域的情况亦是如此。柏林在这个领域里有出色的人才：塞贝克、埃尔曼、密切利希、亨里希等。但从柏林到慕尼黑的360英里的旅行中，我经过三个大学城，却没有发现一个完全可靠的化学家和实验物理学家。……但在慕尼黑与夫琅和费的交往中，我受益匪浅。

同年2月23日，他在巴黎给家人的信中实事求是地评价了法国科学界，他写道：

> ……在这儿我结识的一些熟人，一天比一天更热情、更亲密，与他们交往，使我在科学方面得到了极大的益处。我经常同谢弗勒尔、毕奥、菲涅耳及普耶等人见面，他们都是我最好的朋友。……广泛从事多门学科研究，而不只精通一门学科，是他们现在的口号。如果在德国，当我看到自然哲学是如何被错误地滥用时，我一定会起来反对他；而在法国，我又觉得应当更多地号召人们保护自然哲学，或者更确切地说，我感受到了科学思想的基本差别。如果

不是经常感受到这种差别如此鲜明地存在，我也不会想象到科学思想的差别竟如此巨大。然而，我并没有因为这种分歧与法国人争吵。与以前相比，我现在更加懂得如何评价他们的优点，因此，我与他们一直保持着良好的关系。

从这两封信中，我们可以清楚地看出，正是由于奥斯特能从不同国家吸取精华，博采众长，兼收并蓄，他才能在欧洲科学界群英竞争中独占鳌头，取得伟大成就。他既重视自然哲学中科学的哲学成分，又同样重视法国科学界十分强调的实验研究，这就是他的成功之路。如果像德国人那样爱走极端，一下子使得自然哲学炙手可热，一下子又恨不得把它打到十八层地狱，那就不仅不能做出伟大的发现，而且会给科学与文化带来灾难性后果。近一个世纪之后，又一位丹麦物理学家玻尔做出震撼世界的发现，恐怕也与这种博采众长、兼收并蓄的特点有关。

二、电流磁效应的发现

康德关于"基本力"可以转化为其他各种具体形式的力的观点，以及谢林的自然哲学里有一种基本的关于两极对立物和它们统一的观点，是奥斯特进行电磁研究时的基本指导思想。正因为他有这种指导思想，他比许多科学家站得高、看得远。

1801年当他与里特尔一起进行电化学研究时，他认真拜读了匈牙利化学家温特尔用拉丁文写的一本内容艰深的书。这本书的主要观点是：所有的自然力都是由同一基本原因引起；所有物质都是由两种基本物质组成，一种是代表酸性的安德罗尼亚（andronia），一种是代表碱性的泽利克（thelycke）。温特尔的观点可以说是谢林自然哲学观的具体化，奥斯特非常欣赏，这一观点对他的科学哲学观的形成有极大的影响。在这种思想的指导下，奥斯特与里特尔在共同的实验研究中，成功地揭示了电、磁、热、光和化学效应之间的联系。

1803年回丹麦后，奥斯特在教学任务十分繁重的情形下，仍然坚持不懈地进行科学实验，设法将自己的理论和实验研究继续下去。

1806年，他对伏打电堆有了更大的兴趣，希望从这里推进他的研究。按奥斯特的想法，伽伐尼电流是一种"动力学振荡"或者说是一种极化了的波动。这一年他发表了一篇论文，在这篇论文中他声称："我们现在所有有关电的一切，对磁学都适用。磁的作用也始于极性，而且它将以波动形式传递，如同电那样。"

在这之前的一年，奥斯特曾写信给里特尔，建议将电学、磁学的统一扩展到化学领域中，并提出一种设想，认为所有自然现象都是相反电极性力产生的。在1806年的文章中，他还猜测整个自然界都用波传播力，但他承认"要证明这一点是很困难的"。

尽管奥斯特和里特尔做了许多的努力，却仍然无法通过实验证明电力和磁力的同一性；但自然力的统一性的研究，仍然被奥斯特作为自己研究工作的首要任务。他坚信："在磁学中表现出的力同样表现在电学中。……自然界所有的力都可以简化为这两种力。"

1807年，他进行了一项声学研究，希望能发现振动中的电效应。在报告这次研究的文章中，他写道："从无限的自然状态中我们领悟到，没有一个观察者能发现实验中出现的所有现象。在寻找自然界完整的答案时，我们应该尽可能全面地观察一个实验。"他还表示了他的美学沉思："自然以音乐流的形式，向我们讲授着丰富的难以理解的理论。"事实上，此后奥斯特一直在这种美学特征的科学哲学思想指导下顽强地研究电与磁的关系。

1813 年，他出版了《关于化学力和电力的同一性研究》一书。这本书首先在德国出版，后来为了满足法国读者的兴趣，改写后又在巴黎出版。这本书总结了他对电、伽伐尼电流、磁、光、热及化学亲和力的研究，他的结论是所有化学亲和力以及热、光都是由正、负电荷产生的。关于电和磁的关系，他提出了一种想法：既然较小直径的导线通电后会发热，进一步缩小直径就会使导线发光，那么导线直径再缩小，就会使它产生磁效应。现在我们知道，沿这条思路进行实验，是不可能发现电流的磁效应的。这本书中还有一件值得注意的事情，奥斯特提出了光的电波理论，这个理论在他以后的论文中还多次提到并阐述过。

从奥斯特的上述研究中可以看出，他正在努力用自然力统一的哲学思想指导自己的实验研究。开始总不免带有很大的猜测成分，但他一次又一次用实验检验他的猜测，终于迅速地逼近了伟大发现。

1817 年，奥斯特与埃斯马克一起制作了一个内阻很小的电池，并利用它做了一系列的电学实验，但由于上述错误思想的影响和教学任务的繁重，一直没有得到什么重要结果。到 1819 年冬天，他抛弃了 1812 年错误的猜想，开始设想电流的磁效应是横向的（相对电流方向而言），而不是纵向的。这是一步艰难的跨越，在这以前他与其他所有物理学家一样，从没有设想到这一点，因为万有引力和库仑力都是纵向的力。1820 年 4 月，在新的设想指引下，奥斯特终于发现了电流的磁效应。

关于这一伟大发现，我们最好是引用奥斯特自己的阐述。在《爱丁堡百科全书》第 18 卷 "温差电" 条目下，奥斯特写道：

> 电磁本身是 1820 年由哥本哈根大学教授汉斯·克里斯蒂安·奥斯特发现的。……1819 年到 1820 年冬天，他发表了一些有关电、伽伐尼电流和磁的演讲，听众是已经熟悉了一些自然哲学原理的学生。在编写讲稿时，他准备将磁和电加以类比。他推测，如果电流产生磁效应，这种磁效应也不会沿着电流的方向，因为多次实验证明了这一点，磁效应只可能是横向的作用，这个推测与其他一些观念有密切的关联；因为他认为，电流不像均匀的溪流那样通过导体，而是断断续续地通过导线。电流中的电力不是处于一种不断冲突的状态。……第一次实验他打算使一个伽伐尼电池的电流通过一条很细的铂丝，铂丝放在有玻璃盖的指南针上方。但在实验准备工作做好以后，一件偶然的事情使他没有在演讲前进行实验，因此，他打算推迟另找一个机会实验。但在演讲时，他感到实验成功的机会很大，于是他在听众面前做了第一次实验。尽管磁针放在盒子里，

磁针还是受到扰动。但由于效应十分微弱，而且在它的规律未被发现之前人们认为磁效应很没有规律，因此这次实验没有给听众留下深刻的印象。……1820年7月，他利用更好的伽伐尼电池，又重新开始实验，这次实验获得了明显的成功。然而，重新开始的第一次实验由于使用的导线很细，得到的磁效应仍然很弱。……他很快发现，半径越大的导线，磁效应越强。因此，通过几天连续不断的实验，他发现了电磁效应的基本规律：电流产生的磁效应绕电流做圆周运动。

7月21日，奥斯特在一篇题为《关于电冲突对磁针影响的实验》的论文中，公布了他这一激动人心的伟大发现。在这篇只有四页的论文中，奥斯特写道：

> 我们把在导体中和其周围空间所发生的这种效应称为电冲突。……上述事实充分表明，电冲突不是被限制在导体上，而是分布在周围空间里。由上述事实我们还可以得出结论：电冲突是按环绕导线进行的圆形分布的，否则就无法说明，为什么连接电源的导线放在磁极下面时，磁极被推向东方，而放在磁极上面时，就被推向西方。只有圆才具有这种性质，在相对的部分里其运动方向相反。

这篇论文立即被送到欧洲各国的学会和学者手中，德国和英国立即将译文登在当年的学术刊物上。在法国，这篇论文产生了巨大的反响，并迅即导致安培、毕奥等人做出许多重要的发现；在英国，更导致十一年后法拉第发现电磁感应。

在人们高度评价奥斯特发现的同时，也有阵阵不谐和的奇谈怪论，说奥斯特的发现纯属偶然，还有人捏造事实，说奥斯特的发现根本不是他发现的，而是一个看门人（或者一个什么其他的人）发现的。首先提出这些奇谈怪论的是德国《物理年鉴》的编辑吉尔伯特。他在年鉴中毫不掩饰地说，他根本就不相信来自哥本哈根的报告；他还在奥斯特的译文中加了一个引言："上一个冬天，哥本哈根的奥斯特教授在讲电磁课时所偶然碰上的事件，是任何探索活动中都不会有的。"偶然发现的说法，从此绵绵无绝期，直到今天，仍然有人热衷此说。

当然，一个伟大的发现要被人们接受，总会有一点波折，这并不奇怪，尤其是在 1820 年以前，期望电学取得进展的每一位科学家都把目光注视到毕奥和巴黎的一些物理学家身上，谁也没有预料到一个丹麦的信奉动力学的奥斯特找到了钥匙。正因为如此，开始时大部分科学家都不相信，法国物理学家杜隆在写给瑞典化学家的信中说，人们在最初对奥斯特的文章"非常冷淡"，认为那"只不过又是一个德国人的梦"，一种虚幻的罗曼蒂克的想象。就是后来热情宣传奥斯特发现的阿拉戈，开始也不相信奥斯特的报告。但是，奥斯特的结论随时可以用实验证明，而且很容易，所以法国的科学家在观看了阿拉戈在巴黎科学院的实验后（9月11日），怀疑的思想一扫而空，并且立即轻装上阵，迅速行动，结果到 10 月 9 日前，安培竟一连宣读三篇论文，对奥斯特的发现做出了重要发展。法国人似乎比较宽容，他们认为不必去追究奥斯特的哲学思想，他们看重的是奥斯特的实验。

但德国科学家就有点不同了。七十五年后，信奉实证主义的化学大师奥斯特瓦尔德还念念不忘奥斯特是一位信奉自然哲学的科学家，他不能原谅这一"令人厌恶"的事实。他在1895年的一篇文章中写道："这位后来由于发现电流使磁针摆动而出名的教授，是一个大概比里特尔更加糟糕的自然哲学家，因而他后来这一成功的重大发现表明，大自然有时使自己的奥秘让人以最荒谬绝伦的途径窃听去。"

看了本文的读者，想必不会再同意吉尔伯特的"偶然说"，也不会同意奥斯特瓦尔德的"荒谬绝伦说"。德国人干什么都认真，有时的确令人佩服，但有时他们这种"认真"的劲头，不免让人瞠目。自然哲学兴盛的时候，德国物理学家欧姆的发现被他的同胞压制达十四年之久，原因是欧姆擅长实验，不喜欢抽象的思辨；自然哲学被冷落时，德国医生、物理学家迈尔的伟大发现（能量守恒定律）又几乎被他的同胞扼杀，因为他的论文思辨性太强，自然哲学气味太浓，迈尔痛苦得跳楼自杀。结果，受害的都是德国同胞，德国科学发展显然也因此受到严重损害。德国物理学家对此也做过反思，劳厄曾说过："物理学和哲学的关系是十分特别的。……在19世纪时，黑格尔的同一性哲学遭到了自然科学家们的正当的反对，因为黑格尔的哲学否定了一切经验科学的生存权利，遗憾的是，这种反对意见时常扩展到针对整个哲学领域，而事实上甚至波及自然科学的一切理论。例如，能量原理的先驱者迈尔由于他的著作有强烈的思辨外貌而遭受很大的痛苦，甚至当亥姆霍兹发表他的《论力的守恒》这一名著时，起初也有人对他提出过这种责难。"而亥姆霍兹自己则多少有些愤愤不平地说："哲学家指责科学家眼界狭窄，科学家反唇相讥，说哲学家疯了。其结果，科学家开始在某种程度上强调要在自己的工作中扫除一切哲学影响，其中有些科学家，包括最敏锐的科学家，甚至对整个哲学都加以非难，不但说哲学无用，而且说哲学是有害的梦幻。这样一来，……哲学的正当要求，即对于认识来源的批判和智力的功能定义，也没有人加以注意了。"

美国科学史家斯托弗结合奥斯特的发现，也对此做过中肯的评述。我们把它放在本节末尾，可以说是一个恰当的总结。他写道：

> 在科学史中，任何设想不论它如何奇妙，只要它导致了重要的实验发现，就应当引起我们的注意。由此奥斯特从谢林的"美妙而伟大的思想"和从一般自然哲学原理所接受的激励，以及里特尔的实验和思考的双重影响，应该被承认是关于物理学中这个重要发现的因素。这可以作为例子，说明在科学王国外的智力因素，对科学发展具有潜在的影响。

三、伟大的教育家

奥斯特不仅是一位伟大的科学家，而且还是一位伟大的教育家，为丹麦和世界的物理和科学教育做出了重要贡献。

1800年，奥斯特被聘为哥本哈根大学无薪助教，这个职位如果换了别人也许就不会干了，因为凭他药剂师的资格，他完全可以找到一个收入丰裕的职位，但奥斯特对教育事业情有独钟，高兴地接受了这一聘任。

1804年，他从国外访问归来，一位朋友劝他从事应用化学领域的研究，因为这可以在经济上获得很大好处。但奥斯特认为与其为追求经济利益而活着，他倒是更愿意按自己喜欢的方式生活。他选择了一个没有固定收入的工作：管理属于国王的一大批化学和物理仪器。走马上任后，他立即举办了一些收费的演讲，介绍有关物理和化学方面的知识和新近发展。这些演讲获得了巨大成功，不仅听演讲的人数日益增多，而且他的演讲给听众留下了难忘的印象。有一位听众在几年以后回忆说："他的演讲往往由一些尖锐的质疑开始，再把一些相互独立的对象结合在一起，结成一个整体，因此给我们留下了深刻的印象。……他的演讲很有说服力，甚至是一种力量，至少对那些还没有受到固有成见限制的、对新的不同寻常的事物很敏感的年轻人来说，是很难抗拒的。"

1806年，奥斯特由于成功的演讲被哥本哈根大学任命为物理学特殊教授，负责考察哲学专业参加考试的学生，并给医学和药物学专业的学生讲授物理学和化学。虽然报酬很低，他却十分兴奋，他希望能在学生中发现一些天才，以便日后在丹麦形成一个物理学派。他雄心勃勃，在教学之余还制定了一个改革物理教学的提案，强调实验科学对一个国家的繁荣有着重大影响。

奥斯特还编写过好几本教材。1809年，他编写的《自然科学一般法则》的第一部分正式出版。这本书专门讨论力学和声学,获得巨大成功,以后多次再版,在丹麦使用了五十年之久。

奥斯特还非常重视对教学方法的研究,他写过《应该如何编写物理学教材》《通过系列实验来解释电学原理的简易方法》等。

1815年,丹麦国王把他自己收集的实验仪器赠送给学校,并增加了学校的经费。奥斯特趁此良机,在哥本哈根大学成功地创建了第一个化学研究实验室。这个实验室虽然很小,设备也很差,但却有一个响亮的名称:"皇家化学研究室"。

1817年,奥斯特以他卓越的贡献,终于被哥本哈根大学任命为教授,并成为大学管理委员会的成员。

1823年,奥斯特在英国访问时,受到英国科学普及工作的启发,决心向更多的人传播科学知识。经过一年的筹备,他在丹麦创立了自然科学促进学会,该学会立即拥有200名会员。在发起书上,奥斯特深刻指出:"有关自然法则的知识,构成了人类整体知识和人类文化的基本部分。虽然我们不太习惯于承认这个事实,但这个事实却实实在在地存在着。"

自然科学促进学会鼓励把自然科学知识引进学校,尤其是对那些愿意把物理学作为一门课程开设的学校,学会可以租借或捐赠仪器给他们。这些积极行动的结果是,到1845年,物理学终于被列为丹麦中学的常规课程。

奥斯特本人虽然是一个科学家,但他一直十分重视自然科学的应用。他很早就希望能在丹麦建立一所类似于现代的工学院这样的教学机构。1827年,奥斯特向丹麦政府提议建立综合技术学院。他拟定了一份尽可能详细的计划，提出在大学现有的基础上适当地增加一些师资和设备，无须大量投资，即可建立一所这样的学院。他还坚持认为，综合技术学院的教师应该与大学教授享有同等的地位。

奥斯特的建议终于被政府采纳，1829年秋天，丹麦综合技术学院成立，奥斯特被任命为该学院院长和物理教授。在开学典礼上，奥斯特发表了题为"自然科学应用的文化效应"的演讲。

综合技术学院在奥斯特的苦心经营下，声誉不断扩大，政府把越来越多的技术问题委托给该校。在奥斯特逝世前不久，他拟定的扩大综合技术学院规模和大幅度提高教师工资的计划得到了丹麦政府的批准，遗憾的是他没能看到这个计划的实现。

综合技术学院后来改名为丹麦皇家技术学院，在欧洲工程技术学院中享有极高的声誉，也为丹麦工业和经济的发展做出了卓越贡献。这一切与奥斯特的远见卓识和勤恳努力是分不开的。丹麦皇家技术学院有一个奥斯特博物馆，馆内收藏了奥斯特做实验时用过的一些仪器，其中包括那个著名的指南针。

（作者：杨建邺　刘剑波）

莫培督

一个被遗忘的天才

皮埃尔·路易·莫罗·德·莫培督
(Pierre Louis Moreau De Maupertuis, 1698—1759)

18世纪中叶，正值自然科学由收集材料向综合整理和理论概括转折的时期。这一时期虽然没有产生像17世纪的牛顿力学那样的划时代成就，但在活力、思想和成就方面仍称得上一个史无前例的时期。分析力学的完善，天体演化学说的产生，化学和电学的定量化实验研究，林耐的动植物分类新方法的引入……这一切已经包含了继续进步的起点，为即将来临的科学世纪——19世纪的科学奠定了基础。

如果我们认真研究一下18世纪中叶的科学历史，就会发现一位其名字比在现有的科学史著作中更频繁地出现的学者，这个人就是莫培督。他由于在数学、物理学及生物学等领域的杰出成就而在他那个时代赢得了伟人般的赞誉。然而遗憾的是，在今天了解莫培督的人已经不多了。如果说人们还记得莫培督的名字的话，那或许是因为他首先提出了物理学上著名的最小作用量原理。这实在是不公允的。本文将就他的生平与学术做一概述，以示对这位天才的崇敬之情。同时，正确认识个性与人生、个性与成功间的辩证关系，也将给我们带来有益的启示。

一、多彩的人生：从圣马洛到柏林

1698年9月28日，莫培督出生在法国圣马洛一个富裕而有地位的家庭，这为他早年从事科学研究创造了条件。他是一个聪颖的孩子，由科康神父抚养长大。他因自幼受到母亲莫罗夫人的娇惯，养成了自大、任性和不堪忍受批评的个性。这种性格给他的未来生活和事业带来了十分不利的影响。

完成家庭教育之后，16岁的莫培督去巴黎在勒·布隆德门下学习哲学。然而，他很快发现普通的哲学课并不合自己的胃口，于是1717年改学音乐。但他很快又对数学产生了浓厚的兴趣，先后在古基尼和尼科尔指导下学习数学。1718年，他入伍从军，在路易十五的军团中度过了他的青年时代，闲暇时间他用于研究数学，退伍时是骑兵上尉。1723年，25岁的莫培督由于在曲面求积和曲线求长方面的独创性数学工作而被选入法国巴黎科学院。随后，他又发表了关于极大极小值问题的数学论文和有关蝾螈物种的实验报告。

1728年，莫培督访问伦敦，并被接纳为英国皇家学会会员。此后，他一直是牛顿理论的狂热支持者。回到法国后，他又访问了巴塞尔，在那里结识了著名数学家约翰·伯努利。

1730年，法国启蒙思想泰斗伏尔泰致信莫培督，热情赞扬他的科学成就，并请求他提供有关牛顿的地球在两极扁平的预言之证据。此后二人相识并结成好友达二十年之久，共同为牛顿力学在法国的传播、为启蒙运动做出了贡献。正是从莫培督那里，伏尔泰学习了牛顿力学并写成了他的唯一科学著作《牛顿哲学原理》。

1736—1737年，莫培督成功地组织和领导了赴瑞典拉普兰的远征活动，为牛顿理论的正确性提供了有力证据。

1738年，伏尔泰把莫培督推荐给正热心复兴柏林科学院的普鲁士国王腓特烈二世。随后,莫培督受邀访问了柏林,并在那里认识了后来成为其岳父的德·博尔克及其家人。

1740年,莫培督接受腓特烈二世之邀移居柏林。同年,奥地利帝位继承战争爆发。腓特烈二世为争夺奥地利重要工业区西里西亚,于1740年年底发动了西里西亚战争。莫培督在西里西亚加入了腓特烈二世的部队。在战场上,他由于战马脱缰闯入敌人阵营而被俘。他的朋友曾一度担心他已经死了,不料他很快又在维也纳平安露面。这件事后来竟成了伏尔泰的笑料。

1745年,莫培督终于决定接受腓特烈二世让他出任柏林科学院院长的邀请;同年,与玛丽·德·博尔克完婚。1746年3月3日他正式就任柏林科学院院长。这个职位使他有了很大的权力,甚至科学院成员的年金多少都由他决定。在这个职位上他待了十年,直至1756年离开柏林为止。

在柏林的那段时间,成了他科学事业的黄金时期。他不仅提出了著名的最小作用量原理和关于胚胎学、遗传学和进化论的一系列天才思想,而且以其特有的感染力、超人的智慧、充沛的精力和独创精神成功地组织和领导了柏林科学院的工作,使新成立的科学院人才济济。他们当中有当时最伟大的数学家欧拉、著名哲学家和医学家拉梅特里、法国启蒙思想泰斗伏尔泰。然而,莫培督与他人共事时所表现出的那种自幼形成的脾气暴躁、骄傲自大和心胸狭窄的个性,时常给他的工作带来意想不到的麻烦,使他的努力并没有获得预期的成功。

除了科学事业,莫培督的生活还充满了浪漫和传奇色彩。尽管他个头矮小,衣着随便,却一表人才,风流倜傥,对朋友特别是对女士颇有吸引力。1735年前后,他曾是巴黎的风流人物和人们注意的焦点,许多对科学有兴趣的贵妇常常排队等候莫培督给她们上课。许多法国上层社会的妇女与他有着长期的书信往来。伏尔泰的情妇夏特莱侯爵夫人,也曾是他的情人。伏尔泰对此非常忌恨,这可能是导致他与莫培督的友谊破裂的重要原因之一。

1746年,"柯尼格事件"的爆发使莫培督卷入了一场关于最小作用量原理的优先权的长期争论。这场争论使莫培督和他的老朋友伏尔泰两败俱伤。莫培督由于冲撞了这位启蒙思想泰斗而渐渐地被人们淡忘了。伏尔泰也由于这场争论导致了与腓特烈二世的公开决裂,被迫出走柏林。

1756年5月,病重的莫培督决定取道瑞士返回巴黎,不幸在途中病逝于巴塞尔的伯努利家中。他的遗体葬于瑞士北部小镇多尔纳赫。

二、牛顿力学的斗士

17世纪末到18世纪初,正当英国人接受牛顿力学时,在法国盛行的却是笛卡儿学说。这种状况正如伏尔泰所描述的那样:

> 在巴黎,我们认为宇宙是由细微物质的旋涡构成的;在伦敦,人们却不是这样看。在我们那儿,以为是月球的压力形成涨潮,在英国人那里,却以为是海水被月球吸引……在巴黎,你们把地球想象成一个西瓜,在伦敦,却

以为它是两极扁平的球体。

基于这种背景，1728年的伦敦之行在莫培督的科学事业中有着重要意义，导致了他的世界观的一次重大转折。他从笛卡儿复数的理念世界转向了牛顿力学的科学世界，成了欧洲大陆第一个懂得和赞赏牛顿万有引力理论的年轻人。此后，他一直是牛顿理论的狂热支持者和积极宣传者。

回到法国以后，莫培督与数学家克莱罗在数学和牛顿力学的研究上进行了积极合作，发表了一系列天体力学的论文。1732年出版的莫培督的《天体形状论》就是这一研究的结果。该书是法国首次出现的立足于牛顿力学的书籍。书中，莫培督积极为牛顿万有引力理论辩护，驳斥笛卡儿学说的不合理性。莫培督的观点在法国受到了大多数科学家的敌视，然而却有一个人致信莫培督，对其观点大加赞赏，这个人就是伏尔泰。

18世纪30年代，在有关地球形状的争论日趋激烈的情况下，1735年法国国王路易十五授权巴黎科学院派出两支远征队去赤道附近的秘鲁和极地拉普兰实地测定这些地区经线的一度弧长。拉孔达米纳率领了去秘鲁的那支远征队，莫培督则率领另一支去了拉普兰。如果地球真的在两极是扁平的，那么经线一度的弧长在两极将比其在赤道附近要长。

去极地拉普兰的远征队于1736年5月2日启程，整个测量过程历时一年多，途中经历了无数艰难险阻。1737年8月20日，莫培督回到巴黎，但受到的却是冷淡的欢迎。除了伏尔泰及其情妇夏特莱侯爵夫人，牛顿理论的支持者几乎没有了。这时另一支远征队还没有归来。大量测量数据的分析是一件费力而又有争议的工作，而且在法国获得的数据还必须进行重新修正。经过两年多的艰苦劳动，1739年12月莫培督向巴黎科学院提交了关于巴黎和安敏斯之间沿子午圈的距离的测量结果。这一结果与三年后归来的另一支远征队获得的结果共同证实了牛顿的预言。此次测量之于牛顿力学堪与1919年测定光线受引力场作用而弯曲之于爱因斯坦的广义相对论相提并论。伏尔泰对此次科学探险给予了高度评价，他在一首名为《科学院使者颂》(1738)的赞美诗中，把这次探险作为18世纪胜过希腊黄金时代的证明。

经过这一系列的努力，1740年之后牛顿力学在法国得到了广泛传播，莫培督在法国牛顿学说的信奉者当中居于公认的领导地位。达朗贝尔在他的《百科全书》(1778)的导言中对莫培督第一个公开声称自己是牛顿学说的拥护者所具有的勇气给予了高度赞扬。然而，莫培督自己却认为，作为牛顿力学的斗士并不是他的最大荣耀，提出最小作用量原理才是自己最大的科学贡献。

三、最小作用量原理之父

最小作用量原理这个物理学的重要原理有着两千多年的思想渊源。早在古希腊智者亚里士多德那里，"最小"的观念就已经有了，他有一句名言：

在用很少就可以完成的地方却用了很多，是无谓的。

多少个世纪以来，这一观念一直以不同的形式萦绕在历代科学家和哲学家心中。亚历山大里亚的科学家希罗在研究光的直进性和光的反射时提出了最短路径原理。英国唯名论者奥卡姆在批判经院哲学的过程中，从方法论的高度提出了"经济原则"，即所谓的"奥卡姆剃刀"。此后，法国科学家费马在研究光的折射时，基于同样的思想提出了最短时间原理——费马原理，从而使此前彼此独立的几何光学定律获得了统一的表达。这一原理的提出似乎进一步暗示了某种更普遍的原理存在的可能性。

在 17 世纪向 18 世纪过渡期间，随着资本主义的不断发展，经济因素在人们的思想和行动上受到了越来越多的注意。这对于自然经济化思想的接受和最小作用量原理的产生起到了积极的推动作用。对此，科学史家施雷克曾指出：

> 最小作用量原理由它的前史（即它的推测性的形式）进入它的历史（指它达到数学化的阶段）是与经济世界向工业主义过渡以及资本主义所导致的经济因素比以往任何时候都更受到人们注意的时代相吻合的。

在这种思想基础和社会历史条件下，对于信奉自然经济原则的莫培督来说，有待发现的是物体运动过程中自然界的真正花费，进而找出物体运动所遵循的最便宜的路线。通过对希罗、费马和莱布尼茨等人关于最小作用思想的研究，他认为花费的时间、克服的阻力都不能合理地被当作自然界的花费，它们只是路径的特性，即最短或最容易的，其单独都不适于把真实路径描述为最便宜的一个。他既要坚持笛卡儿的光粒子说，又要保留费马的优美方法，从而去寻找一个符合牛顿力学的最小作用量原理。

1744年4月15日，在提交给法国科学院的题为《论各种自然定律的一致》的论文中，莫培督从光的粒子说出发，通过修改费马原理，提出了一个符合牛顿力学的最小作用量原理：光在空间两点间的运行总是选择作用量最小的路径，其中作用量定义为 $\int v \cdot ds$（v 为光速，ds 为路径元）。由此原理出发，他进一步导出了光的反射定律和折射定律。1746年，在论文《从形而上学原理推导运动和静止的定律》中，他进一步推广了最小作用量原理。该论文由三部分组成：(1) 从自然界的奇迹看上帝的存在；(2) 这些奇迹必定归于普遍的运动定律，运动的守恒、分散和消失所遵循的这些普遍运动定律乃是上帝存在的标志；(3) 关于运动和静止的规律的考察。在第三部分中，他定义运动物体的作用量为 mvl（其中 m、v、l 分别为运动物体的质量、速度和通过的路径长度），并由最小作用量原理导出了物体的碰撞定律和杠杆定律。

在碰撞问题的研究中，他发现对于完全弹性碰撞 mv^2 是守恒的，但在非完全弹性碰撞中 mv^2 却不守恒，由此他认为莱布尼茨的能量守恒定律破产了。另外，根据笛卡儿的动量守恒定律导出的笛卡儿碰撞定律也与事实相矛盾，所以动量守恒在他看来同样也应予以否定。由此，莫培督更加坚信最小作用量原理的正确性，认为唯有它才是最普遍的原理，它一定能给力学的发展提供一个真正的哲学基础。在他看来，一个如此简洁、优美、普遍的原理乃是最高明的造物主的威力和智慧的显现，它揭示了上帝创世的秘密。

众所周知，这个被雅可比称作"分析力学之母"的最小作用量原理所蕴含的泛神论色彩和它的美学价值对分析力学的创立者欧拉、拉格朗日、哈密顿等人以及现代物理学的创立者普朗克、爱因斯坦、薛定谔、德布罗意、费曼等人有着重大影响。作为物理学的包容最广的第一原理，最小作用量原理对物理学的发展发挥了并仍将继续发挥指导性作用。因此，可以毫不夸张地说，物理学的发展是而且也将是与莫培督的名字紧紧地联系在一起的。

四、胚胎学、遗传学和进化论的先驱

与在物理学上的成就相比，莫培督在生物学上的贡献也毫不逊色。

1745年匿名出版的《维纳斯的躯体》是莫培督在生物学领域的第一部重要著作，它是半年前题为《论黑人问题》一文的进一步扩充和对预成论的更彻底批驳。在他看来，无论是卵生动物还是胎生动物，其胚胎都不是预成的。因为遗传特性可以通过母体和父体同等可能地遗传。他严厉质问预成论者：如果下一代是在卵子或精子里预先形成的，那么交配后的第一代怎么可能表现出双亲性状的混合呢？按唯精子论者的观点，子代只应像他的父亲，而唯卵子论者则认为只应像他的母亲。但事实上，子代兼有双亲的缺陷、习性、脾气和精神特征。这一质问是非常有力的，而对他来说，更重要的工作是要在已知事实的基础上去完成一种遗传学理论。

为了在柏林找到一个反常遗传的典型案例进行直接研究，莫培督结识了鲁家族，这是一个多趾家族。雅可布·鲁每只手有六指，每只脚有六趾。显然，他的这一特性是从他母亲那里遗传来的，而他母亲的多趾特性又是从他外婆那里遗传来的。雅可布·鲁的同胞兄妹中还有三个是六指和六趾的，而有四个是正常人。雅可布·鲁的妻子是正常人，他的孩子中有四个是正常人，另外两个儿子有多余的指和趾。莫培督对这一明显的异常特性非常感兴趣，深入的研究使他认识到：通过与正常人的反复交配，这种多趾特性可以最终消失，并且自然界的作用总是企图恢复其主导地位。显然，莫培督已经有了这样一个清晰的想法：大多数人，即使不是全部反常，也都是处于劣势地位的。这是他的进化概念的重要部分。

莫培督认为遗传必定起因于来自父体和母体的粒子。基于流行的化学亲和力思想和对自己所熟悉的万有引力的类比，他认为这些相似的粒子必定借助相互吸引而结合成对。预定要形成心脏的遗传粒子具有与另一个同类粒子结合在一起的固有的亲和力，而对于要形成其他器官的粒子则表现出较小的吸引趋势。每对粒子中，来自父体的粒子和来自母体的粒子哪一方占优势，其子代的性状特征就更类似于哪一方。这样，一种特性就未受改变地经过一代代父母从遥远的祖宗那里遗传下来，这就是生物物种相对稳定的原因。如果某些粒子数量不足或过剩就会导致畸形，也可能发生我们今天称作突变的那种粒子的完全改变。如果按适者生存做出选择和进行地理隔离以阻止变异粒子与原形粒子的混合，这些偶然变化就会导致新物种的产生。显然，就孟德尔的机械论遗传学和德弗里斯的突变理论来说，莫培督在思想上确实都领先于他们。

1751年，以鲍曼署名出版的《自然界的系统》一书是莫培督在生物学方面的又一重要著作。该书是《维纳斯的躯体》的姊妹篇，是关于双亲遗传特性的进一步的理论探讨。书中包括对鲁家族多趾遗传史的研究资料和第一个关于人的显性遗传特性的细致而简明的分析。莫培督不仅证实了多趾特性是从父亲或母亲那里遗传来的，而且还对鲁家族中的正常人和非正常人的情况做了完整的记录，并计算了这种多趾特性在鲁家族未来的三代中出现的概率。这使他成为第一个用概率规律研究遗传特性的人。

莫培督假定存在于父体精液或母体卵子中的遗传粒子具有类似于欲望、反感、记忆等一些适于形成胚胎的要素，但是每个粒子都保持一种对它的原有情境的记忆，并且一有可能就将恢复这种情境。显然，莫培督在这里混淆了遗传粒子、遗传粒子产生的效应和那些其发展受遗传粒子控制的部分，但这毕竟发生在细胞理论得以系统阐述近一百年之前。

在进一步阐述他的理论时，莫培督还预示了孟德尔的基因分离原理和关于骡子等杂交种的不育性的解释。他认为，在杂交种体内，来自不同种属的遗传粒子不知道是像在杂交种体内那样结合在一起，还是像在原物种体内那样结合在一起，其结果是两种方式都不遵从。尽管这一理论还很粗糙，但在本质上是如此明显地等价于染色体在成熟分裂和受精方面的行为，以至于否认莫培督敏锐的判断力是不可能的。

莫培督并不满足于自己的理论分析，他还进行了大量的动物喂养实验以检验自己的理论。他总是喜欢和动物待在一起。在柏林郊区的皇家公园附近，莫培督有自己宽敞的房间，里面喂养着各种动物，是一个名副其实的动物园。他最感兴趣的实验是把不同物种交配去产生新的物种。不幸的是，这些实验结果只有一次被记录下来了：在得到一条黄头、蓝灰身体的冰岛狗之后，莫培督就着手去培育一个具有同样颜色的品种，并且成功地把它传到了第三代。

在狗的育种过程中，莫培督偶然发现狗的后爪有五趾，对此他感到疑惑。他想知道，这是否像有六趾的人一样，是一个额外的趾，还是狗的原有趾的残余，或者是狗的后爪原本就是五趾呢？这样，他就被引向了研究进化论问题。在他看来，对家养动物进行人造育种是可行的，那么现有物种是自然界原有物种的变异形式就是非常明确的了。如果人的独创性能产生新物种，为什么新物种就不能通过精液粒子的偶然结合或通过外界环境作用于遗传粒子而产生呢？作为一个非常尊重信仰的人，莫培督在生物学领域表现出了似乎与其在物理学中相矛盾的信仰。他主张渐成论，反对上帝创世说，甚至用现在听起来还十分新颖的术语讨论了动植物对环境的适应等问题，他写道：

> 人们可以说，机遇产生了无数个体。其中很小一部分是如此构成的，以使动物的器官能满足它们的需求。更多的是既不能适应环境也没有秩序，这些个体全灭绝了。……唯一能够生存下来的，是既有秩序又能适应的动物。我们今天所能看到的物种，只是由盲目的命运所产生的物种中

的极小一部分。

显然，在这一点上他确实先于达尔文和拉马克有了关于进化可能是通过一种自然改造了的特性的遗传而实现的想法。

我们看到，作为生物学的先驱者，莫培督有着一系列天才的预见，他走在时代前面足有近一个世纪。因此，在他的同辈中很少有人真正赏识他的卓越理论也就不足为奇了。

五、无聊的争论，悲惨的结局

莫培督由于提出了最小作用量原理而成为当时备受尊敬的杰出人物。然而，具有讽刺意味的是，也正是这一发现又使他成了一个被遗忘的天才。造成这一结局的不是别人，正是他的好友、启蒙思想家伏尔泰。可以说，莫培督与伏尔泰的一场争论比他的科学成就更出名。

1746年，莫培督的论文《从形而上学原理推导运动和静止的定律》发表后不久，他的朋友、莱布尼茨主义的信奉者塞缪尔·柯尼希撰文驳斥最小作用量原理的有效性，并且指出莱布尼茨早在和赫尔曼的一次通信中就提出了这一原理，但文中并没提及莫培督的名字，也没指责他有剽窃行为。柯尼希犹豫再三后，决定把论文先交给院长审阅。莫培督看后，复函表示不反对发表这篇论文。论文发表后，莫培督突然感到这篇论文对自己不利，似乎是指责自己缺乏创见。佛尔梅等人劝他不要理睬这篇论文，让它自生自灭。莫培督却认为这件事有损于自己的荣誉，士可杀但不可辱。他向科学院指控柯尼希引用的莱布尼茨的信件的可靠性问题，要求作者提供原始信件。后来，柯尼希向科学院提交了信件的副本，并声称原始信件在一个名叫亨齐的瑞士人手中。不幸的是，亨齐因叛国罪而被杀头，赫尔曼也已归天，没有了证人，并且几个月的周密调查也未发现原始信件的踪影。1752年4月，柏林科学院宣布柯尼希提供的莱布尼茨的手稿是赝品。6月，柯尼希被逐出了科学院。

伏尔泰对这一判决非常不满，从心底里厌恶这位高傲的院长。二人之间起因于生活小事的矛盾由来已久，他们互相嫉妒对方在国王那里的影响，并且在不同场合显示了对对方的藐视。伏尔泰认为，柯尼希是学术上专制独裁的牺牲品，因此站在柯尼希一方加入了争论。

1752年9月，伏尔泰撰文攻击莫培督不但有剽窃行为，而且在科学院倚仗权势实行专制独裁、迫害反对者，其行为严重违背了学术道德。

11月，莫培督由于心事重重，又加上饮酒过度，一病不起，无法应战。国王腓特烈二世尽管十分宠爱伏尔泰，但却不愿牺牲他的伟大院长，于是亲自披甲上阵，为莫培督辩护，发表了一系列匿名文章，言辞激烈地攻击伏尔泰。

由于国王支持莫培督，伏尔泰不敢直接对抗，但他的本性不容许他保持沉默，于是采用嘲讽的方式进行反击。在一本名为《亚卡吉亚博士》的小册子中，伏尔泰猛烈攻击莫培督在《关于科学的进步》一书中的一系列思想。该书中，莫培督以通俗的风格和清晰的文笔阐述了他大胆的科学思想，其中许多为科学研究而提出的课题和建议是精心策划和有远见的。书中还包括他关于鲁家族多趾现象和他自己的动物杂交实验的一些最有价值的描写。而伏尔泰仅仅把这看作莫培督自负和无能的表现。他取笑莫培督的拉普兰之行，讽刺莫培督的北极探险等一系列科学设想。

在以雄辩的天才和嘲讽的才能著称于世的伏尔泰的猛烈攻击下，莫培督垮下来了。国王的支持和他企图恢复良好心情的许多努力都未能收效。莫培督退却了，他要求离开柏林到圣马洛去休息一段时间。

伏尔泰在《亚卡吉亚博士》一书中虽犯有严重错误，但其主旨是反对当时学术上和政治上的专制独裁。因此，它对腓特烈二世的打击更甚于对莫培督的打击。据说，国王看到这本书时，对暗中蔑视自己权威的行为非常愤慨，立即传伏尔泰到自己房间受训，并强迫他答应销毁所有的书。但伏尔泰并没有妥协，他丝毫也不想放弃这本书。腓特烈二世进一步威胁说，如果伏尔泰不马上了结此事，仍继续纠缠下去，就有可能被关进监狱。随后，国王决定公开销毁全部《亚卡吉亚博士》。1752 年 12 月 24 日，柏林公共广场上点起熊熊烈火，犹如举行正式仪式一般，对此书进行了焚烧。之后，腓特烈二世派专人给生病未能到场的莫培督送去一些纸灰，称它是"一点爽身粉"。

《亚卡吉亚博士》被焚，标志着腓特烈二世与伏尔泰公开决裂。伏尔泰自感大势已去，被迫于 1753 年 3 月 26 日怀着极度凄惨的心情出走柏林。

莫培督在圣马洛一直待到 1754 年春天才在腓特烈二世的一再要

求下返回柏林。在病情日趋加重的情况下,莫培督决定于1756年5月重返法国,不幸于1759年7月27日卒于途中。

尽管科学史上对这场争论有不同的说法,但高傲自大的莫培督确实表现得心胸狭窄。事实上,即使莱布尼茨的原始手稿找到了,也并不对莫培督在这一原理上的优先权构成威胁,也无损于他这一成就的光辉,因为毕竟是他第一个公开发表了这个原理,并使它达到了数学化,荣誉属于他是当之无愧的。这也正如牛顿和莱布尼茨关于微积分的优先权的争论一样。

这场似乎有些无聊的争论使莫培督在科学事业上蒙受了巨大损失,使他作为科学家的声誉至今未得到恢复。

当胚胎学、遗传学、进化论以及人类学的分离的分支达到新的综合,并且最小作用量原理已立足于物理学的最高原理之林时,我们才真正开始认识到莫培督是18世纪科学界的最杰出人物之一。他应当居于与拉马克、瓦尔拉斯、达尔文和孟德尔等人并驾齐驱的公正地位。也许可以这么说:莫培督是这些人中最多产的天才,一个远远走在时代前面的人。

(作者:许　良)

亥姆霍兹

罕有的全才

赫尔曼·冯·亥姆霍兹

(Hermann Ludwig Ferdinand von Helmholtz, 1821—1894)

19 世纪下半叶的德国已成为世界科学中心，其科学界真可谓群星灿烂、人才辈出。亥姆霍兹正是这个科学家群体中的一颗光彩照人的巨星。他既有渊博的知识，又是集实验家和理论家于一体的非凡天才，在其所涉猎的许多领域中都做出了杰出的贡献。为此，医学、生理学、化学、物理学、哲学、美学等学科都为拥有亥姆霍兹而备感光荣。

他的科学贡献之大，仅从亥姆霍兹微分方程、亥姆霍兹方程、亥姆霍兹双电层、亥姆霍兹流动、亥姆霍兹自由能、亥霍姆兹线圈、亥姆霍兹共鸣器、杨－亥姆霍兹三色学说以及他的学生维恩、赫兹、罗兰、迈克耳孙等人就足见一斑。而他的科学和哲学思想又是如此的丰富而深刻，以至于现代西方哲学中的新康德主义、维也纳学派、弗洛伊德精神分析哲学等流派都从他那里获得了使自身得以产生和发展的营养，并把他作为自己的主要拥护者和最出色的见证人。就连马克思主义经典作家恩格斯、列宁也都曾对其科学和哲学思想做了认真研究，这是只有爱因斯坦等极少数杰出人物才享有的殊荣。因此，认真研究亥姆霍兹的科学和哲学思想，对于我们全面而深刻地理解现代科学与现代西方哲学的产生与发展有着极为重要的意义。

鉴于亥姆霍兹的科学和哲学思想之丰富而深刻，本文将着力于他的科学生涯及贡献的一般方面。

一、奇特的青少年时代

1821 年 8 月 31 日,赫尔曼·冯·亥姆霍兹诞生于德国柏林附近的波茨坦。

父亲 A. F. J. 亥姆霍兹是波茨坦一所中学的教师。他兴趣广泛,对于绘画、美学、哲学、语言学都有相当的研究。他常与朋友在一起谈论哲学问题,著名哲学家 J. G. 费希特的儿子 I. H. 费希特就是他的挚友和家中常客。无论是作为一位教师还是一位父亲,他都尽心尽责地履行着自己的义务。母亲 F. C. 彭妮是汉诺威一位军官的女儿。她性情温和、天资聪颖,对每件事情的判断都十分朴实、清晰而富有启发性,似乎有着一种透过现象而直视本质的敏感。她把自己全部的精力都奉献给了持家和教育四个孩子这一平凡而伟大的事业。双亲的优良品格在亥姆霍兹身上都得到了继承和发扬。

幼时的亥姆霍兹是一个体弱多病的孩子,每次生病都会加重父母的忧虑,然而庆幸的是,每次他都得到了良好的恢复。有一次,一位亲戚对他的父亲说:"你不要为儿子还没学到什么东西而忧伤,我肯定 8 岁前不让他学什么将对他是有益的。洪堡不是在 8 岁前还什么都不知道吗?而现在他被国王任命为科学院院长,有着阁下头衔和一大笔年薪。我预见你儿子也会这样的。"说不清这是一种安慰,还是正确的预见,这种奇迹果真在亥姆霍兹身上实现了。

由于体弱多病,亥姆霍兹老是被限制在家里,时常是在床上看画册、玩积木游戏。对于这些,他近乎达到了入迷的地步。也正是通过这些,父母对他进行了精心的早期教育,以至于他上小学时,在几何学课上所表现出的超常几何知识令老师们都感到吃惊。7岁入小学时,他身体仍不健壮,后经体育锻炼逐渐好转。

1832年,亥姆霍兹升入中学一年级。在班上,他已能很轻松地跟上课程,他的老师对此也很满意。尽管他的写字和家庭数学作业做得都不太令人满意,但他的自学能力,以及他对于自己感兴趣的问题所倾注的热情和所具有的丰富想象力,都受到了高度评价。也许是幼时多病所致,他的记忆力十分不好。对他来说,单词、语法和成语的记忆是较难对付的,历史课和背诵散文简直是一种折磨。然而奇怪的是,欣赏文学大师的诗作,他并不感到困难,这也许是他具有敏锐的审美鉴赏力的缘故吧。在家时,父亲总是竭尽全力去唤起孩子们对于诗歌、艺术和音乐的美感,并把他们塑造成虔诚的爱国者。

中学阶段的最初三年,亥姆霍兹主要学习语法和美学。二年级时,他的课程又增加了数学和物理学。有时他不在班上读西塞罗和维吉尔[1],而在老师视力所不及的桌子下研究望远镜所涉及的光学问题或学习一些光学原理,这些知识在他以后发明检眼镜时起了重要作用。

15岁时,亥姆霍兹还是一个性情温和、沉默寡言的孩子。这时他的智力已得到了突飞猛进的发展,各科学习都取得了较好成绩。学习成绩报告表明,他的拉丁语、希腊语、希伯来语、宗教、数学及物理学方面的成绩良好,历史和地理学成绩优异。优良的数学成绩表明他对数学原理有着超乎寻常的理解。在额外提交的一篇题为

---

[1] 西塞罗,古罗马雄辩家、政治家和哲学家;维吉尔,古罗马诗人。

《论自由落体定律》的论文中,其思想和表述非同一般地准确,表明了他对物理问题的深思熟虑。1838年9月,亥姆霍兹以出色的成绩完成了中学学业。

在中学阶段,亥姆霍兹就对物理学产生了浓厚的兴趣。通过物理学和化学实验的具体操作以及父亲和其同事间常有的科学讨论的熏陶,他决定投身科学事业的愿望日益强烈。同时,一些独具创造性的实验也一再唤起他的求知欲望。然而收入欠丰的父亲还要承担亥姆霍兹两个妹妹和一个弟弟的教育任务,实在无钱支持他专门从事物理学的学习,遂推荐他到弗里德里希-维廉医学院学习。这样,一方面在学医的同时,还可以学到一些物理知识;另一方面,学习上能得到政府的资助,条件是五年的医学学习之后,必须作为军医服务八年。于是亥姆霍兹愉快地接受了父亲的建议,踏上了学医的道路。

1838年10月,亥姆霍兹带着对知识的渴求和对自然科学的无限热爱,来到了位于柏林的弗里德里希-维廉医学院,从此开始了新的生活。在这里,他接受了多方面的教育,加之自身的天赋和父母的精心培养,他的学识达到了更高的水平,从而为未来的辉煌事业奠定了坚实的基础。

医学院的学习生活紧张而有秩序。他每周都要上40多节课,包括化学、一般解剖学、内脏学、骨科学、感觉器官解剖学、物理学、内科学、逻辑学、历史、拉丁语、法语等课程。尽管功课很多,他还是按父亲嘱咐的那样,每天抽时间演奏莫扎特和贝多芬等人的名作,晚上时常研究歌德和拜伦的作品或做些微积分题。第一学期的课程结束后，他认真研读了休谟、康德等人的著作。在他看来，自己需要认真学习这些伟人的著作，特别是康德和休谟的著作。他对休谟的著作爱不释手，甚至一天晚上连读了几本休谟的著作，其中休谟的认识论问题深深地打动着他，并对他日后哲学思想的形成产生了重大影响。

第二学期，亥姆霍兹被缪勒的生理学课程吸引。另一件对他来说特别有意义的事情是，他被学院图书馆指定为助理馆员。馆内丰富的资料给他提供了充足的精神食粮，正如他于1839年3月给父母的信中所说：

助理馆员的工作每周要花去我两个小时，但这是从馆藏的大量旧文献中发现有价值的东西的最好方式。

正是在这期间，他自学了欧拉、丹尼尔·伯努利、达朗贝尔、拉格朗日和其他科学家的重要著作，从而大大提高了自己的数学、物理学水平。

1839年夏季学期的课程依然十分紧张，其内容包括动物学、植物学、自然史、生理学、化学、历史、拉丁语、法语等课程。但亥姆霍兹仍然挤出时间欣赏希腊著名文学作品。1840年冬季学期一开始，在充分准备的基础上，亥姆霍兹顺利通过了解剖学实验考试。此后便开始了他独立的科学研究和博士论文工作。1840年冬季至1841年夏季，亥姆霍兹致力于拓宽自己的知识面，特别是数学和力学知识。1841年年底，他开始考虑生理学问题并与缪勒的学生布吕克、杜波依斯·雷蒙德等人密切交往，并很快成为这个团体中的一员。他们之间的交流、讨论使彼此受益匪浅，正如亥姆霍兹在回忆这段宝贵时光时所说的那样：

> 与这些杰出人物的交往能改变人的价值观，这种智力交流是人生最有意义的经历。

这个团体的目标在于把心理学与物理学结合起来，从而把心理学建立在牢固的物理学基础上。在这个小组的所有成员中，亥姆霍兹所表现出的数学才能远非他人所能及。他那深厚的数学基础已经预示了一个杰出的数学家在生理学、物理学等领域中的光辉未来。

老师缪勒极力反对当时流行的关于生命本质的各种形而上学学说，主张一切科学概念都建立在严格的经验基础之上，倡导生理学研究中应用归纳方法，反对演绎方法。在老师的影响下，亥姆霍兹利用节省下来的生活津贴买到的一个小显微镜和几本物理、化学教科书，开始了生理学方面的研究。1842 年 8 月，他向缪勒提交了有关神经生理学方面的博士论文。缪勒认为论文的选题意义重大，但要使理论无懈可击还必须做另外一些动物实验。9 月底，他到夏特里医院做实习外科医生。这是一件费时而又繁忙的工作，但亥姆霍兹认为这是非常有趣和有益的工作。与此同时，他还挤时间去按照导师缪勒的意见修改和扩充自己的研究。11 月 2 日，他向缪勒提交了题为《无脊椎动物神经系统的结构》的论文。这是一篇非常出色的论文，其中关于神经细胞的中枢特性和神经纤维发源于神经节细胞的发现，被生理学家看作病理学和神经生理学的组织学基础，是他对微观解剖学做出的一流贡献。

通过与缪勒的接触和自己的科学实践，亥姆霍兹逐渐摆脱了关于科学的形而上学观点而倾向于科学的经验主义。面对当时讨论热烈的有关活力的存在及本质的问题，亥姆霍兹有着自己的判断。在他看来，活力可以突然产生和突然消失而不转化为他物是一个物理学悖论，是与已知的力学原理不相符的。然而，他也深知提出这一观点的时机还不成熟，因为正如老师缪勒教导的那样：只有严格的有条理的实验才能使科学原理成为可接受的和基础牢固的东西。于是，在取得博士学位之后，他利用缪勒实验室的良好设备对"活力"概念开始了扎实的研究。1843 年发表的题为《论发酵和腐烂的本质》的论文，以实验事实为基础，驳斥了活力论，并给发酵和腐烂现象以科学解释。

随后，他由于出色的医务工作而获奖，并被推荐到家乡波茨坦的一个军团当助理军医。从此，经过了五年严格训练并具有独立的实践能力和坚实的理论基础的亥姆霍兹，开始了他极富创造性的科学生涯。

二、不朽之作——《论力的守恒》

1843 年，亥姆霍兹放弃了柏林良好的研究环境来到波茨坦。当时军营中根本谈不上什么科研条件，为了继续自己的研究，他利用简陋的设备建起了生理学和物理学实验室。好友布吕克、杜波依斯·雷蒙德也常从柏林来与他交流思想、讨论建立未来科学心理学的设想。在这段时间里，他完成了一系列生理学实验研究以及能量守恒定律的实验与理论研究工作。

19世纪上半叶，热电效应、电热效应、电磁效应等现象的发现，已使关于自然界各种相互作用普遍联系的思想得以产生，并成为历史的必然。李比希和拉瓦锡的有关研究使得动物的新陈代谢、机械能和热量之间的关系日益明显；同时，活力的存在和本性也是缪勒一再提出的一个谜题。基于他人的工作和自身的研究，亥姆霍兹很快认识到，这一切都与他几年前就已领悟到的能量守恒定律的有效性密切相关。然而，在得到确切的证据之前必须去确定肌肉运动和产生的热量间的关系。1845年，他发表的有关肌肉活动中新陈代谢方面的论文和动物热的实验报告就是这方面的研究成果。这些都是他划时代工作的序曲。在他看来，热质说是站不住脚的，必须以动能代之；机械能、电解中的化学能等都不过是同一种能量的不同形式。

1847年2月，他着手写作《论力的守恒》，把几年前就抱有的并经大量实验证实了的思想理论化、公式化。1847年7月23日，亥姆霍兹在柏林物理学会做了题为"论力的守恒"的演讲，这被看作能量守恒定律普适性的第一次充分、明确的阐述。他在演讲中所表现出的数学物理大师风范、理论与实践有机结合的天赋令他的朋友为之震惊。

会后，亥姆霍兹把论文寄给物理学家马格努斯，以求在波根多夫主编的《物理年鉴》上发表。但马格努斯对论文的性质表示反对，在他看来，不应当过多地应用数学去把互相分离的实验物理和理论物理结合起来，尽管他也认识到了这篇论文的重要性。于是，马格努斯在写给波根多夫的推荐信上只写了一些例行的话。波根多夫认为，尽管论文很重要，但实验证据还不够充分，建议将论文以单行本形式出版。随后，杜波依斯·雷蒙德在给亥姆霍兹的信中表示了他对马格努斯和波根多夫的强烈不满，并建议亥姆霍兹将论文以单行本出版并保留原有的哲学导言。亥姆霍兹不愿意眼睁睁看着自己对研究所倾注的热情被那些保守的物理学家扑灭，于是对原有导言做了某些修改，以进一步强调他对流行观点的看法。随后，由于杜波依斯·雷蒙德的极力建议和高度评价，《论力的守恒》很快就于1847年面世了。

该书可谓科学史上的不朽之作，其导言正是19世纪下半叶物理学的序言。它叙述流畅、文体精练，显示了作者颇具语言大师的风范，特别是书中以坚实的实验基础和高度的理论概括，有力地论证了：（1）自然界中的一切作用都可归结为引力和斥力作用，这种力是与速度和加速度无关的中心力；（2）牛顿力学和拉格朗日力学在数学上是等价的，因而可以用力所传递的能量或所做的功来度量力；（3）机械能、热能、电磁能等都是同一能量的不同形态，它们可以相互转化但总和保持不变。

能量守恒定律也像其他一切伟大思想一样，一经产生立刻就引起各方面的争辩以及优先权的争论。柏林年轻的物理学家和生理学家对之高度赞扬。而除缪勒外的多数老一代科学家则极力反对，他们担心亥姆霍兹的这种思考将会复活黑格尔自然哲学的幽灵。1853 年，亥姆霍兹还遭到了克劳修斯的不公正批评，以及杜林等人的恶毒攻击。至于优先权的争论，事实证明：迈尔、焦耳和亥姆霍兹等人都做出了独立的贡献，但这并不意味着这些发现者之间就没有任何区别。事实上，集理论家和实验家于一身的亥姆霍兹从更普遍的意义和理论的高度自觉地提出并圆满地解决了这一问题。他的论文所表现出的数学技巧、概念的想象力、归纳法和演绎法的有机结合等特点是他人难以比拟的。对此，恩格斯也曾给予高度评价。

《论力的守恒》的出版，一方面大大提高了亥姆霍兹在物理学界和生理学界中的地位，另一方面则对科学和哲学产生了不可估量的作用。它使 19 世纪的自然科学特别是物理学产生了新的转机，也为马克思主义哲学的产生及现代西方哲学的许多流派的产生和发展提供了条件。

三、伟大的生理学家、实验心理学的先驱

由于杰出的科研工作，亥姆霍兹于 1848 年 9 月提前离开军医职位而正式进入学术界。在缪勒的极力推荐下，他来到柏林艺术研究院填补因布吕克的调离而留下的解剖学教师空额。在这里的一年中，尽管他由于教学工作的繁忙而没有完成什么新的研究，但却充满了各种富有创造性的想法，并对未来工作制订了周密计划。

1849 年年初，亥姆霍兹来到了康德的故乡哥尼斯堡（今俄罗斯加里宁格勒），继任因布吕克调离而留下的哥尼斯堡大学生理学和普通病理学教授职位。由于有了固定的职位，他便于 1849 年 8 月

26日与一位物理学家的女儿奥尔加完婚。婚后生活十分幸福,奥尔加在家庭和事业上都给丈夫以全力支持,使亥姆霍兹在哥尼斯堡的七年中硕果累累。他所完成的神经冲动传速的测定以及感觉生理学的一系列实验和理论研究,使他在心理学和生理学领域赢得了巨大荣誉。

1. 神经冲动传速的测定

19世纪中叶,神经冲动传速问题虽然在生理实验领域中还是新颖的,但在天文学中却是早已提出的人差问题,即在观测中各观测者的反应时间的差别问题。然而,直至缪勒时代的科学家都一直相信神经冲动的传递极其神速,永远不可能测量。亥姆霍兹则相反,由于受到杜波依斯·雷蒙德的动物组织极化学说的启发,他认为神经冲动的传速并不是无限的,而是有限的。1850年,亥姆霍兹完成了这方面的实验研究,准确地测定了蛙的运动神经的传导速率为30米/秒,这与用现代方法测定的结果是一致的。

为了更进一步测量人的感觉神经冲动的传速,他进行了大量人体实验。用交换刺激点的办法找出反应时差,以显示感觉神经冲动的传速,这就是最早建立的"反应时间"实验。然而他得到的结果有很大的不确定性,并且结果因人而异,即便是同一被试者,在不同的实验中结果也不同,使实验显示出很大的无规则性,于是他被迫放弃这方面的实验研究。继他之后,许多研究表明这种不确定性是受被试者心理因素的影响所致,而亥姆霍兹所感兴趣的是绝对速率,不是实验所显示出的心理学意义。这是因为他不是从心理学角度去看待问题,而是从生理学和物理学的角度去看待心理学问题。

尽管亥姆霍兹自身没有从实验中进一步揭示其心理学意义,但他的"反应时间"实验却为实验心理学提供了富有成果的研究方法。从更深的意义上来说,亥姆霍兹的实验结果表明:心理过程是可以通过实验来研究的,作为心灵代表的神经系统可以成为实验控制的对象,从而增强了19世纪生物学中的唯物主义倾向。

2. 生理光学

感觉的实验心理学是亥姆霍兹做出重大贡献的又一领域。无论是在生理光学还是在生理声学研究中,他都彻底贯彻了缪勒的感官神经特殊能量学说。在他看来,这一学说与牛顿的万有引力定律具有同等重要的科学价值和普遍有效性。

亥姆霍兹对生理光学进行了大量研究,其主要论著是于1856—1866年出版的《生理光学手册》。该书把当时物理学、生理学以及哲学的研究成果和一般原理汇集在一起并加上自己的发现和阐释,对视知觉做出了连贯的论述。该书是生理光学方面的权威著作,是心理生理学的重要参考书。

在大量生理光学实验基础上,亥姆霍兹进一步发展了英国生理学家托马斯·杨于1807年提出的色视觉理论,使其成为著名的杨-亥姆霍兹三色理论。他认为,对颜色做出不同反应的视网膜内有三种不同的神经纤维,它们各有自己特定的光谱吸收曲线,这些纤维分别具有感受红、绿、紫色波长的感光色素,这些色素感光后使不同的神经细胞产生神经冲动,再传到大脑皮质视觉中枢,于是产生了红、绿、紫色的感觉。这三种基本色可以各种比例相混合,从而构成不同的色。

现代科学研究表明，尽管亥姆霍兹还不知道视网膜内存在三种锥体细胞，他却对颜色的视觉机制提出了科学预见。这些预见大多已被现代实验所证实，如三种神经纤维的光谱吸收曲线与现代发现的三种锥体细胞的吸收特性曲线非常接近。尽管这个理论还有某些疑难，却一直保留下来并成了新的"三色说"的基础。

基于大量的实验研究，他对外眼肌在两眼辐合时的作用以及内眼肌调节晶体焦距的机制做出了科学论述，对于眼睛的光学结构、光学过程给出了令人满意的解释。

在理论研究的同时，亥姆霍兹还特别注重应用。1851年他发明了检眼镜。这种仪器向眼科医生揭示了一个全新的世界，不仅使他们能直接观察眼底、检查视网膜是否正常，还能帮助他们判定眼的屈光度是否正常。这种经改进后仍沿用至今的检眼镜为亥姆霍兹在医学界赢得了世界性声誉。

3. 生理声学

1855年3月，亥姆霍兹被任命为波恩大学解剖学和生理学教授。此间，他在写作《生理光学手册》的同时，开始转向生理声学，其研究成果集中于1863年出版的《声学》一书中。该书是听觉的实验心理学的经典，由三部分组成：第一部分对心理学家来说最为重要，是对听觉刺激、欧姆的听觉分析律、耳官的解剖及听觉共鸣说的讨论，是研究合音及元音性质的报告；另外两部分则用于讨论谐音及其他音乐问题。

就单音感知来说，亥姆霍兹假定耳内有许多长度不同的神经纤维，每根纤维对一定波长或音高能做出共鸣反应，正像乐器的不同长度的弦与各种音高对应一样。他还以实验确定了人耳可以听到的最高和最低音高以及介于两者之间的可以辨别的音调数。现代研究表明：尽管耳蜗的频率分辨机制远比亥姆霍兹所设想的复杂，但他关于柯蒂氏器音调位置的理论大体上还是正确的，近代电子显微研究也部分证实了他关于基底膜结构的假说。

此后，亥姆霍兹继续进行了一系列关于音高经验的生理学和心理学研究。他的最重要的实验成果之一是关于构成音色的特殊差异因素的发现，即每种乐器发出的不仅是一定的基音，而且还有比基音频率更高的泛音，基音与泛音之间的拍及泛音与泛音之间的拍都会影响混合音的谐和情况。这一发现使他成为给出谐音以物理解释的第一人。他还用共鸣器证明了可以通过变换泛音强度的办法人为地产生每种乐器的特质，从而证实了自己的假说。他的这些研究开辟了现代生理声学的领域，并奠定了现代物理声学的基础。他还被公认为提琴科学研究的创始人之一，并通过对音乐历史的研究阐明了音乐发展的基本趋势。他的《论音调的感觉》一书及他关于音调实验的设备在贝尔发明电话的过程中发挥了重要作用。

四、杰出的数学和物理学大师

数学与物理学间的相互影响是近代以来科学发展的一个重要特征。而 19 世纪为数学研究提供意见和方向方面的物理问题比以往任何一个世纪都多，为了解决一些物理问题，高度复杂的数学被创造出来。这些特征在亥姆霍兹的一系列杰出工作中无疑也有着突出的表现。

1859年，在提交给巴伐利亚科学院的题为《空气在开孔管中的运动理论》的论文中，他给出了波动方程 $\nabla^2\varphi + k^2\varphi = 0$ 及其普遍解的研究。他应用格林定理，证明了这个方程的任一个在给定区域内连续的解，可以表示成为区域表面上激发点的单层和双层的效应。此后，德国数学物理学家基尔霍夫利用亥姆霍兹的研究求得了波动方程初值问题的另一个解，并得出了声学的惠更斯原理。这一研究和他关于流体的涡旋运动的研究，可说是亥姆霍兹最出色的数学成就。他也为自己能解决"这些令欧拉以来的大数学家们感到困惑的数学问题"而感到自豪。

亥姆霍兹关于几何学的研究起源于生理光学中的空间直观形式的思考，这使他开始对我们关于空间的普通直觉的起源及本性进行研究。在他看来，康德作为自明之理的欧氏几何公理并不是先验的而是经验的产物。1868年开始，他连续发表多篇论文，力证数学的经验性，其中以题为《论几何的一些事实基础》的论文最为著名，其综合性、基础性的研究成果令当时的科学界和数学界感到震惊。这篇论文和黎曼于1854年发表的题为《论几何学的基本假设》的论文，被称为19世纪下半叶数学哲学概念发展中的划时代著作。他的出发点是与我们的空间远不相同的一种空间中的人们将有怎样的几何学，进而去寻求刻画刚体运动的可能的几何。这一研究使他独立达到了黎曼几何学的已有结论。亥姆霍兹的这些工作受到其他数学家的高度赞扬。著名数学家克罗内克在给亥姆霍兹的信中写道：

您的合情合理的实际经验以及有兴趣的问题，造成的财富将给予数学以新的方向和新的刺激。……片面的、内省的数学思索把人们引向不毛之地。

更为重要的是，亥姆霍兹在他的这篇论文中提出了五十年后由诺特提出的所谓诺特定理，该定理以充分的普遍性确立了物理学的守恒定律和动力学定律的对称性之间的关系，其对现代物理学有着极为重要的意义。

在亥姆霍兹的所有研究领域中，物理学始终是他的兴趣所在。随着他的事业的发展，他逐渐将精力集中到了这一领域，过人的智慧和辛勤的劳动使他在其中硕果累累。

1. 电磁学

亥姆霍兹对电磁学的研究几乎遍及他科学生涯的每一时期。早在 1847 年，他就阐明了莱顿瓶的放电特性，并指出楞次定律正是电磁现象符合能量守恒与转换定律的具体例子。1849 年 3 月，他在柏林物理学会宣读了题为《正切电流计构造原理》的论文，在此后的神经冲动传速实验中研究了感生电流的本性和持续时间。1853 年发表的题为《论电流在物质导体中的分布定律及其在生物电实验中的应用》一文，是他首次真正进入数学物理和数学心理学领域的成果。该文充分展示了他高超的数学才能和只有诺伊曼、韦伯、基尔霍夫才能理解的势论。论文的真实目的在于通过理论分析使那些复杂但重要的力学关系更通俗易懂。杜波依斯·雷蒙德认为这篇论文思想之丰富是前所未有的。1870 年发表的《电动力学理论》一文是亥姆霍兹电动力学研究的开始。问题起源于韦伯在 1846 年导出的关于电荷相互作用的普遍公式：$F = \dfrac{ee'}{r^2}\left[1 - \dfrac{1}{c^2}\left(\dot{r}^2 - 2r\ddot{r}\right)\right]$。也就是说，力 F 不仅与距离 r 有关，还与相对速度 $\dot{r}$ 和相对加速度 $\ddot{r}$ 有关。这显然突破了经典力学的中心力概念，在亥姆霍兹看来，它将是违反能量守恒定律的。此外，当时相互竞争的电磁学理论除了韦伯的，还有诺伊曼的和麦克斯韦的电磁学理论。亥姆霍兹的目的在于通过实验和已有的力学理论去检验相互竞争的电磁理论，并最终得出一个统一的电动力学基本方程，从而在这个"无路的荒原"中踏出一条大道。1870 年，在诺伊曼理论的基础上，他得到了两个电流元间相互作用势的普遍表达式。在不同情况下，这个势分别与韦伯理论、诺伊曼理论和麦克斯韦理论相符。但亥姆霍兹更倾向于麦克斯韦理论，并注意到这一理论的惊人结论是电扰动是一种横波，其在真空中以光速传播。他的学生赫兹正是在他的指导下完成了杰出的电磁波实验。这一切都为麦克斯韦理论在超距作用观点占统治地位的欧洲大陆的传播开辟了道路。

亥姆霍兹对电磁学发展的另一重大贡献在于积极参与了电磁学单位制的建立。1893 年，他主持了在芝加哥举行的第四届国际电气工程师大会，此次大会的主要功绩就是制定了以欧姆、安培、伏特三个单位为基本单位的电磁学史上第一个国际单位制。此外，在 1881 年的法拉第演讲中，亥姆霍兹明确指出了法拉第电解定律的意义在于揭示了电子存在的真实性。尽管他的观点没有被把电看作以太的一种状态的德国物理学界接受，但在其他国家却被逐渐接受，并最终使测量电子的荷质成为可能。

2. 流体力学

1855年3月至1858年2月,亥姆霍兹任波恩大学解剖学和生理学教授时,一方面从事生理光学方面的写作,另一方面也开始了流体力学和空气力学的研究。问题的起因是,声学问题的复杂性使他转向研究格林函数在流体动力学和空气动力学中的应用。1857年发表的题为《论描述涡旋运动的流体动力学方程之积分》的论文是一篇天才的论文,他在考虑流体内黏滞作用的普遍情况下,解决了一些极其困难的流体力学问题,无论其物理结果还是其数学方法都很重要。其所建立的亥姆霍兹第一定理和第二定理为研究流体的无旋运动和有旋运动提供了最重要的理论基础。1858年,他首先从理论上研究了间断面问题,用保角映射方法讨论了无重力影响下从板缝中喷出的射流的形状。此后,他又进行了一系列关于流体的内摩擦理论和实验研究,得出了流体中一个旋转着的粒子在距离为 r 处的另一粒子上所引起的速度,其公式与电磁学中描述二电流元间的相互作用的毕奥-萨伐尔定律完全相似。这是一个十分有启发性的结果,麦克斯韦在建立电磁场理论时曾得益于这种类证,他从亥姆霍兹的涡旋流体方程平行地导出了电磁场的运动学方程 $\bar{j} = \frac{1}{4\pi} \nabla \times \bar{H}$ 和动力学方程 $\nabla \times \bar{E} = -\mu \frac{d\bar{H}}{dt}$。

此外,亥姆霍兹所证明的涡旋与原子都有不变性,且有确定的能量、对其他涡旋有作用等性质,对 J. J. 汤姆孙有很大启发,为此汤姆孙曾花了十年时间为原子的涡旋模型寻找物理基础。

3. 最小作用量原理

由于亥姆霍兹坚信物理学的任务就在于把各种自然现象化归为力学，这就必然产生一个问题：力学是如何由它的最简单、最基本的陈述构成的，即力学中能独立于经验而演绎出全部力学的最终的、最简单的规律是什么？由此而导致的关于最小作用量原理的研究占据了他一生中的最后十年，他试图找出支配自然界的统一原理的数学式。

1882 年，亥姆霍兹发表的题为《化学过程的热力学》的论文，是他在物理化学研究领域的重要成果。文中明确区分了化学反应中的束缚能和自由能，前者只能转化为热，后者可以转化为其他形式的能量。从克劳修斯方程，他推出了著名的吉布斯－亥姆霍兹方程。这一研究直接把他引入单周期系统和最小作用量原理的研究。在 1886 年发表的题为《论最小作用量原理的物理意义》一文中，他认为当最小作用量原理用于有质物体的显运动时，它与牛顿力学等价，但当最小作用量原理用于其中有隐运动的物体时就有了更大的意义。卡诺、克劳修斯、玻耳兹曼等人的神秘难解的热力学理论是其最明显的例子。他试图在单周期系统的研究中证明各种隐运动都隶属于最小作用量原理。在他看来，单个原子的运动是服从力学规律的，那么这一原理的有效性在热传导、摩擦生热、电热效应等过程中所受到的限制在于我们不能追踪单个原子的无规则运动或不能使这些原子沿同一方向运动。为了使最小作用量原理对所有的物理过程都有效，他假定了我们不可认识的隐质量和隐运动的存在。这些思想给赫兹以重大启发，他在自己的力学研究工作中发展了这些观点。1887 年发表的题为《最小作用量原理发展史》的论文是亥姆霍兹科学史论文中最为深刻、透彻的一篇，他对莫培督、拉格朗日、雅可比、哈密顿等人的工作进行了认真的考察。在他看来，最小作用量原理作为一个有启发性的原理，在我们认识新现象的规律时有重大价值。1892 年，在论文《电动力学中的最小作用量原理》中，他论证了麦克斯韦、韦伯、诺伊曼等人提出的带电体间的相互作用的假定在计算形式上都与最小作用量原理相对应。

尽管亥姆霍兹为探寻这一最终的原理做出了不懈的努力，但其结局与爱因斯坦统一场论的努力并无两样，然而他们的思想却深刻地影响着现代物理学的发展。它们的意义不在于具体过程的失败，而在于这种思想的永恒性，或许正是其内容的开放性和思想内核的稳定性使得守恒定律、最小作用量原理等物理学的基本原理有着永恒的意义。

此外，亥姆霍兹还对冰物理和大气物理做过一定的研究，发表过有关论文。

五、丰富的哲学思想

幼时家庭环境的影响加之自身对休谟、康德哲学的研究，决定了亥姆霍兹终生对哲学问题非常关心。德国哲学的直觉主义传统和自身的科学实践又决定了他哲学思想具有丰富性、辩证性和不彻底性等特点。其早期著作中所表现出的康德哲学的影响，逐渐被科学实践中所产生的经验主义、机械唯物论思想代替，但在哲学问题和科学问题的最终归宿上,他又倒向了不可知论,回到了康德的先验论。

在心理学、生理学的研究上,亥姆霍兹坚持经验主义立场。在他看来,先验论对德国科学有害而无益,应以经验主义的归纳法作为科学的唯一方法。这种观点在其几何学和代数学的研究中也得到了贯彻。他认为,我们关于物理空间的知识也只能从经验中来,而且依赖于用来作为量尺和其他用途的刚体的存在性。在算术中也一样,数的可应用性既不是数的定律的真理性的一个偶然事件,也不是它的证明。某些经验启示了数,而数又能应用这些经验,而物理量之间的等同性的可用性也必须由经验才能决定。他由经验论进而发展出了"无意识推理"概念,旨在说明我们的某些似乎是直接的认识,其实是在旧有的经验基础上重复和联想的结果。

亥姆霍兹对于感觉论的研究还促使他提出了一种唯心主义的符号论。在他看来,我们关于外物的感觉并不依赖于被感知的外物,而是依赖于我们的感觉神经。我们关于外物的光和色的感觉只不过是外部实在之间的关系的符号,而关于外部实在,我们并不能由此而知道任何东西,正如我们不能从一个人的名字了解这个人一样。在列宁看来,这种唯心主义的符号论,其实质在于把感觉当成了意识和外部实在相隔离的帷幕和墙壁,而不是当作连接二者的通道。

机械唯物论思想是亥姆霍兹哲学思想中的另一个重要方面,在他的科学统一性追求中表现得尤为突出。在他看来,心理学、生理学、化学等自然科学的基础在于物理学,而物理学的任务在于将一切自然现象化归为力学。在这条路线的终端是他苦心研究最小作用量原理的十年。为了用这一原理去统一包括热现象在内的一切自然现象,他假定了隐质量和隐运动的存在,而一切现象都来自隐质量的隐运动及其严格组合。这种思想在其学生赫兹那里得到了进一步的阐述:

> 真实世界远比我们感知到的复杂得多,我们承认在这个被感知的世界背后有一个未知的存在物在起作用,但我们否认这个存在物有一种具体的特性,……它不是在其本性上,而只是在其与我们以及我们的正常的感知模式的关系上同可见物相区别。力和能只不过是我们的感官永远不能感知的质量和运动的效果而已。

这样,康德的"物自体"在亥姆霍兹那里就获得了合法地位。

在强调经验论的同时,亥姆霍兹关于科学观察的观点又带有辩证性。他认为,纯粹的感知是少见的,因为感知时常因想象的附加物而有所补充和变化,而这种附加物则有赖于记忆而形成的无意识的推理,结果使感知变成一种见解。在科学观察中,我们常研究的是知觉,而非赤裸裸的感觉。也就是说,观察是有待于观察者的过去经验、无意识推理、改造过的感觉核心和已有的理论,因此不同的观察者对于同一情境的观察就不同。因此,中立的观察是不存在的。这样,经验主义的证实原则也就成问题了,从而意味着对经验主义的否定。事实上,后来的经验主义和证伪主义的反对者正是在这点上加以发挥、大做文章的。

关于因果律，亥姆霍兹认为它是先验的和超验的，是我们一切思想和行动的基础，我们只能相信它、依赖它，并通过直接的事实证实其合理性。这样他就再次回到了康德哲学，但亥姆霍兹关于因果律的论述还有更丰富的内容。

由上述分析可见，在亥姆霍兹的哲学中，既有唯物主义、经验主义、机械论的成分，也有唯心主义、理性主义和辩证法的思想。因此，试图把他归入某一流派是不足取的。也正是由于他哲学思想的丰富性和深刻性，西方哲学的许多流派能在其中各取所需也就不足为怪了。

六、良师益友

在伟大的科学家身上，杰出的科学成就与高尚的人格总是和谐共存、相映生辉，这点对于亥姆霍兹也不例外。他那非凡的科学天才和他那谦逊、诚实、正直、友好的人品受到了学生和朋友们的高度赞美，正如著名物理学家普朗克所说：

> 我知道亥姆霍兹也是一个人，我敬佩他的为人并不亚于敬佩他是一位科学家。由于他具有诚实的信念和谦虚的人品，他成了科学、高尚、正直的化身。他的这些品格深深地打动着我的心。每当我们谈话时，他总是用平静、锐利、打动人心和慈祥的目光看着我，我可以完全信任他。事实告诉我，他是一位公正和宽容的法官，他的一句称许，更不用说是赞扬，都会使我像赢得世界性胜利一样高兴。

亥姆霍兹以其高尚的人品、高水平的知识、深刻的科学思想影响和造就了一大批物理学天才，他们当中有普朗克、凯泽尔、戈德斯坦、维恩、赫兹、罗兰、迈克耳孙。以他为主要创始人和领导者的柏林热物理学派的研究直接促进了量子力学的产生。

作为老师，他与学生间有着一种近乎父子关系的深情，这点在赫兹身上表现得尤为明显。作为朋友，他与许多国家的一流科学家建立了深厚友谊。在麦克斯韦眼中，他是一位可敬的"智慧巨人"。

他以其杰出的才能和高贵的品格不仅赢得了学生、同事和朋友的爱戴，而且也赢得了政府的尊敬。1862年他被任命为海德堡大学副校长，1871年被任命为柏林大学物理学教授并于1877年任柏林大学校长，1888年起任新成立的帝国物理技术研究所第一任所长。作为一位具有高度的社会责任感和强烈爱国心的科学家和领导者，他总是尽自己的努力和影响，通过科学讲座等不同形式倡导科学理论与实践的统一、自然科学与社会科学的统一，比任何人都努力地去探寻使物理与技术相结合的途径，积极参与了许多科学及社会政策的制定。作为复兴德国科学的公认领袖，他为培养新一代人才做出了卓越贡献；他也从普朗克等人身上，看到了自己理想的继承者，看到了德国科学光辉的未来。

对科学的献身精神是亥姆霍兹高贵品格的另一重要方面。他一生游历了欧洲许多国家，而绝大多数都是由于过度劳累不得已而为之，伴随着与其他科学家的学术交流和体力及脑力的恢复，随之而来的又是新的科研和教学上的紧张工作。1859年父亲病故和爱妻奥尔加病逝给他带来了极大的身心伤害，但经过几个月的痛苦之后，他又投入到工作中。在他看来，工作是使他从痛苦中解脱出来的唯一途径。直到 73 岁高龄，他仍活跃在教学与科研领域。1893 年 8 月，他作为德国科学界的最高权威，由第二任妻子安娜陪同前往美国，参加并主持了在芝加哥举行的第四届国际电气工程师大会。1893 年 10 月回欧洲途中，他不幸从甲板上跌落，头部严重受伤。病情稍有好转，他又投身于行政事务和科学工作。直至生命的最后几个月，他还在积极从事最小作用量原理以及以太问题的研究。生命垂危之际，支配他的仍是科学及它那永恒的规律。

1894 年 7 月 12 日，他因脑出血病情加重，经受了近两个月的病痛折磨之后，于 9 月 8 日下午 1 时 11 分逝世，享年 73 岁。

12 月 14 日，追悼大会在柏林隆重举行。德意志皇帝、皇后，亥姆霍兹家人及各界名人参加了追悼大会。随后，皇帝拨款一万马克并亲自选定在柏林大学主楼前建造亥姆霍兹纪念馆。1899 年 6 月 6 日纪念馆揭幕那天，皇后、王储及亨利王子代表皇帝，与亥姆霍兹家人及柏林艺术界和科学界的名流一起参加了揭幕仪式。由此可见亥姆霍兹在德国社会的巨大影响和享有的崇高威望。

作为一代全才，亥姆霍兹为丰富人类知识和培养一代新的科学领导人做出了不朽的贡献。就此而言，他不愧为 19 世纪科学家最成功的良师。

（作者：许　良）

玻耳兹曼
一位深受哲学困扰的物理学家

路德维希·玻耳兹曼
(Ludwig Eduard Boltzmann, 1844—1906)

在物理学发展史上，首先对"完美"的"牛顿大厦"发起猛烈攻击的学科是热力学与电磁学。对热运动及电磁现象的理解迫使物理学家不得不对自认为早已完善的力学概念体系和已成"定论"的物理学传统观念进行认真批判。正是这些批判、争论潜移默化地冲洗着物理学家的习惯性思维，孕育和培养出一代具有批判精神的能够推动物理学继续发展的开拓者。

德裔奥地利物理学家玻耳兹曼作为统计力学的奠基者，正是在物理学发展的这一关键转型时期，一直活跃在物理学与哲学的论坛上。他对物理学的发展做出了许多贡献，以至于劳厄认为：

> 如果没有玻耳兹曼的贡献，现代物理学是不可想象的。

事实上，在当时的科学背景下，玻耳兹曼所选择的研究方向，以及他所取得的科学成就，已经注定他的工作从一开始就受到来自哲学方面的困扰。他与马赫、奥斯特瓦尔德关于原子论的争论，以及他晚年开设的哲学讲座、公开发表的科学方法论方面的论文，都直接影响了一代科学家和哲学家的工作。因此，系统地研究玻耳兹曼的科学与哲学思想，对于进一步深入理解现代物理学与西方哲学产生的时代背景、发展的文化脉络都具有重要的现实意义。

一、初露锋芒

1844年2月20日晚，玻耳兹曼出生于闻名遐迩的"音乐之都"维也纳。维也纳的文化、艺术传统对玻耳兹曼的成长和生活都产生了深刻的影响。正如玻耳兹曼在描写诗人席勒对他的影响时所言：

> 我成为今天这样的人应该归功于席勒，如果没有他，可能也会有一个胡须和鼻子与我全然一般的人，但这个人不是今天的我。

玻耳兹曼的父亲路德维希是德裔奥地利的文职官员，非常重视对子女的培养与教育；母亲卡特琳娜·玻恩芬德是一位很有思想的基督教徒。不幸的是，在玻耳兹曼15岁那年，父亲因病去世，次年弟弟夭折。家庭的不幸致使母亲把今后所有的希望都寄托在玻耳兹曼身上，就是在家庭经济状况极端困难的情况下，母亲也尽可能保证玻耳兹曼受到最好的教育。

青少年时代的玻耳兹曼聪明伶俐、志趣广泛，不仅喜欢音乐和文学，而且对自然界具有强烈的好奇心和敏锐的观察力。学习成绩始终在班上名列前茅。善于思考、渴望理解自然成为玻耳兹曼的学习风格；充分利用业余时间，勤奋阅读文学与哲学书籍，拜师学习弹奏钢琴，构成玻耳兹曼中学生活的主要内容。

1863年，玻耳兹曼在林兹读完大学预科之后，进入著名的维也纳大学学习物理学和数学。在大学读书期间，物理学院的两位年轻老师约瑟福·斯忒藩和约瑟福·洛施密特对玻耳兹曼以后的研究兴趣产生了极大的影响。当时，斯忒藩是物理学院院长、数学和物理学教授；洛施密特是物理化学教师。比玻耳兹曼年长9岁的斯忒藩十分赏识玻耳兹曼的才华。在斯忒藩老师的悉心指导下，玻耳兹曼学到了气体和辐射方面的基础知识，掌握了必要的实验技巧。1865年读大学二年级时，玻耳兹曼对斯忒藩提出的电学原理问题的解答成为他发表的首篇论文。这篇论文初步体现了玻耳兹曼潜在的科学天赋。在洛施密特的教学中，玻耳兹曼对当时处于发展前沿的物质组成和结构问题有了深刻的认识，对深受实证主义者孔德和斯宾塞质疑的原子论问题有了进一步的理解，并且对与原子论相关的气体分子运动论和热力学第二定律的解释产生了极大的兴趣。

大学毕业后，玻耳兹曼兼顾谋生和发展兴趣的需要，担任了斯忒藩的助手，并继续攻读博士学位。那时在物理学界，德国理论物理学家克劳修斯已用熵概念表述了热力学第二定律，从而使自然过程的不可逆问题以比较明确的形式表现出来。一直倾心于这一问题研究的玻耳兹曼立即抓住了这个引起科学界十分重视的前沿难题，由此开始踏上他研究工作的征途，迈入了科学探索的领域。

1866年2月6日，不满22岁的玻耳兹曼向维也纳科学院宣读了他的博士论文，其题目是"力学在热力学第二定律中的地位和作用"。在这篇论文中，玻耳兹曼运用原子运动的轨道是闭合的假设，将熵的表示与力学的最小作用量原理直接联系起来，试图从纯力学的视角证明热力学第二定律。玻耳兹曼在博士论文中所提出的假设是令人难以置信的，他的证明也没有得到同行的认可，但是，这些研究却促使玻耳兹曼和分子运动结下了难解之缘。

当时，在分子运动方向上有所成就的当数英国天才的物理学家、实验家麦克斯韦。1866年就在玻耳兹曼即将完成博士论文之际，麦克斯韦相继发表了两篇关于气体动力学方面的论文，并计算出了分子速度的麦克斯韦分布律。玻耳兹曼在对热力学第二定律的力学证明遭致失败之后，随即转向研究麦克斯韦的工作领域。经过两年的思考，1868年，玻耳兹曼在题为《关于运动质点活力平衡研究》的文章中，把麦克斯韦的气体分子速度分布律从单原子气体推广到多原子乃至用质点系看待分子体系平衡态的情况，把统计学的思想引入分子运动论。这篇文章使玻耳兹曼获得了在大学任教的资格。

取得资格后的1869年，玻耳兹曼受聘于奥地利的格拉茨大学，继任马赫的数学物理学讲师职位。从此，25岁的玻耳兹曼正式开始了他的教学研究生涯，并逐渐在学术界崭露头角。同年，麦克斯韦在写给洛施密特的信中，对玻耳兹曼当时的工作给予了极高的评价。

二、熵与概率

熵概念是克劳修斯于1865年正式提出，并且一直活跃在学术界的一个十分重要的理论术语。克劳修斯用熵表示热力学系统转化为有用功的能力，他规定，一个热力学系统越是接近平衡态，它的熵越大，其数学公式可表述为 $dS \geqslant dQ/T$（其中 S 为熵，T 为绝对温度，Q 为热量）。在克劳修斯和麦克斯韦等人的工作基础上，玻耳兹曼通过对分子运动的进一步研究，把熵与热力学概率联系起来，即把热力学系统的熵变的方向同系统状态变化的方向联系起来，使熵有了更深刻的含义。

玻耳兹曼这一成就的取得绝不是一蹴而就的事情,是他十多年坚韧不拔、锲而不舍奋斗的光辉结晶。1872 年,玻耳兹曼在《气体分子热平衡问题的进一步研究》一文中,分析讨论了已知能量的分子迁移和碰撞而发生变化的变化率之后,推导出了一个描写非平稳态分子速度分布函数的微分方程。1875 年,他运用分布函数及其对数的乘积在相空间中的积分,定义了一个热力学函数,用符号 H 表示,并证明在一个孤立系统里 H 总是随时间而单调减少或不增加,即当满足细致平衡条件时,H 保持它的极小值而不再变化,说明系统的分子速度按麦克斯韦分布律分布,这时系统处于稳定状态。其数学表达式为 $dH/dt \leq 0$,称为玻耳兹曼最小定理,亦称为"H 定理"。这一定理既直接隐含了时间之矢的深刻思想,也证明了热力学平衡态的存在。在此基础上,玻耳兹曼把熵同 H 函数联系起来,使熵定义解释为能的自发运动,并把克劳修斯熵定义推广到非平衡态。

1876 年,曾对玻耳兹曼产生过重要影响的洛施密特老师对玻耳兹曼的观点提出了尖锐批评。他提出问题的症结在于,按照力学的观点,分子的微观运动是可逆的,牛顿定律对时间的反演是对称的。然而,在宏观意义上,H 函数却是有方向性的,这显然违反了早已被物理学家奉为经典的时间反演对称性的观念。为了回答老师的批评,玻耳兹曼于 1877 年在《论热力学第二定律与概率的关系或平衡定律》的著名论文中,运用概率方法进行推算,把熵 S 与热力学状态的概率 W 联系起来,从而得出热力学第二定律是关于概率定律的重要结论。1900 年，物理学家普朗克将玻耳兹曼熵与热力学概率的关系简写为 $S=k\log W$（其中 k 为玻耳兹曼常数）。这一公式后来刻在玻耳兹曼的墓碑上。

按照概率的推理方法，玻耳兹曼在分析过程中必须假定分子速度只能取分立的数值，而不能取无限多的连续值，这在一定程度上包含了分立能级的思想。1900 年，普朗克在利用玻耳兹曼的方法推导他的黑体辐射定律时，明确提出了作为现代物理学标志的普朗克能量子假设，拉开了量子时代的帷幕。

玻耳兹曼通过熵与概率的联系，直接沟通了热力学系统的宏观与微观之间的关联，并对热力学第二定律进行了微观解释。他指出，在热力学系统中，每个微观态都具有相同概率，但在宏观上，对于一定的初始条件而言，粒子将从概率小的状态向最可几状态过渡。当系统达到平衡态之后，系统仍可以按照概率大小发生偏离平衡态的涨落。这样，玻耳兹曼通过建立熵与概率的联系，不仅把熵与分子运动论的无序程度联系起来，而且使热力学第二定律只具有统计上的可靠性。

玻耳兹曼认为，在理论上，热力学第二定律所禁止的过程并不是绝对不可能发生的，只是出现的概率极小而已，但仍然是非零的。根据这些思想，玻耳兹曼对当时著名的"可逆性佯谬和循环佯谬"进行了解释。在多年精心研究的基础上，1896 年与 1898 年玻耳兹曼接续完成了具有重要学术价值且被译成多种文字的经典名著《气体理论讲义》，为 20 世纪物理学的发展由"存在"转向"演化"的过程迈出了决定性的一步。

三、教学风格

在从事科学研究与教学的领域内,玻耳兹曼是一位难得的全才。在他一生所发表的科学论文中,围绕分子运动论的文章仅占其全部论文的一半,另一半论文涉及电磁学、化学、数学和哲学等多个领域。宽广的研究领域为玻耳兹曼带来了渊博精深的知识享受,精益求精的教学风格使玻耳兹曼赢得了大批学生的青睐,杰出的科学成就为玻耳兹曼一生活跃于讲坛与学术界打下了坚实的基础。

1873年,在格拉茨大学经过四年讲师锻炼的玻耳兹曼被维也纳大学聘任为数学教授,这标志着玻耳兹曼的工作和能力已得到了社会及同行的承认。从1873年被聘为教授到1906年去世之前,由于生活及工作方面的原因,玻耳兹曼在四个著名的大学担任教授职务,具体时间见表1:

表1 玻耳兹曼在四所大学的任职时间表

工作地点	维也纳大学	格拉茨大学	德国慕尼黑大学	德国莱比锡大学
时间(年)	1873—1876 1895—1900 1902—1906	1876—1890	1890—1894	1900—1902

在各所大学中,玻耳兹曼所讲授的课程主要有热力学、电磁学、数学、化学,晚年在维也纳大学继任了马赫的职位,重新组建了维也纳大学哲学研究所,并开设了哲学讲座。

玻耳兹曼是一位天才的雄辩者和演讲家,他讲课的思路十分清晰,从不照本宣科。在讲课中,他十分注重培养学生的理解能力,从常见的自然现象出发，以各种生动的实例对一些基本概念不厌其烦地进行深入浅出的反复论证，使学生一通百通地理解、掌握、运用基本概念和基本原理。凡是系统听过玻耳兹曼讲座的学生，都感受到当理解了一个基本原理和概念的真谛时那种豁然顿悟的乐趣，欣赏到理性思维的魅力。

除了认真细致地引导学生的学习，玻耳兹曼还经常为讲座自制教学仪器，试图以现象化的方式引导学生理解深奥的理论背景。例如，1891年，玻耳兹曼为了讲好电磁学理论，专门设计了关于两个电路相互感应的双循环"力学模型"。对于初学者而言，这种现象化的教学所带来的启发无疑是难以估量的。几年后，量子理论的奠基者索末菲就曾经把玻耳兹曼的设计模型在他的力学教材中以相似的性质用于汽车分速器上。

玻耳兹曼十分注重挖掘学生的潜力，通过对学生的意志感染、兴趣培养，使学生养成学研相兼的良好习惯。例如1890年，玻耳兹曼应聘到慕尼黑大学任理论物理学教授之后，经常把学生请到家中，和学生谈心，了解学生的发展意向。在启发式的交谈中，他经常通过讲授自己的经验和体会，把谈话中心引导到对科学前沿问题的探讨方面。深奥的交谈有时在他熟练的钢琴弹奏曲中变得轻松起来。玻耳兹曼给学生留下的这种无拘无束、和蔼可亲、热情好客的个性特征，同他满脸胡子给人留下的威严相貌形成了强烈的反差。

专博相融的基础知识、深入浅出的雄辩才华及日益提高的科学威望，使玻耳兹曼领导的研究所成为世界各国优秀学生向往的理想场所；理论与实验相结合的教学风格、启发式的心理与兴趣的精心引导及研究方向的合理选择，使玻耳兹曼培养出了一代杰出的科学人才，其中有1903年和1920年分别获得诺贝尔化学奖的瑞典物理化学家阿伦尼乌斯及能斯特、日本原子物理学家长冈半太郎、理论物理学家埃伦费斯特和他的继承人哈泽内尔等。

四、个性及生活

热爱科学，追求和谐，为真理而奋斗是玻耳兹曼人生追求的最大目标。在科学研究中，玻耳兹曼始终一丝不苟，从不放过任何一个疑难问题，他经常会陶醉于研究问题，甚至达到忘我的境地。例如，在一次自己学生的博士学位授予仪式上，玻耳兹曼由于思考问题，竟然忘了给学生颁发学位证书，而是在仪式结束时把学位证书递到前来向他祝贺的校长手中。然而，与这种执着、严谨的科学风格相反，在现实生活中，玻耳兹曼却是一位典型的多愁善感、容易情绪波动之人。

1869年到1872年，玻耳兹曼在格拉茨担任讲师职务期间，结识了比他小10岁的格拉茨大学唯一的女大学生艾根特拉。1876年，他们结为伉俪。后来，他们生育了三个女儿、两个儿子，家庭生活十分和谐。

玻耳兹曼爱好音乐，擅长跳舞、弹钢琴，是经常举行的家庭舞会中的活跃分子。暑假期间，玻耳兹曼一家喜欢去海滨游玩。在旅途中，在海滨沙滩，玻耳兹曼经常诗情洋溢，有感而发，借以舒缓他抑郁的情绪和疲劳的工作。玻耳兹曼是一位慈祥的父亲，为了培养孩子的音乐兴趣，他在音乐厅专门为全家人定有固定的席位。玻耳兹曼还是一位体贴入微的丈夫，为了减轻妻子的家务负担，他亲手组装电动缝纫机等家用电器。

与这种浪漫的生活情调不相称的是，玻耳兹曼不拘小节，衣着十分随便。1904年，他去美国参加圣路易斯世界博览会时，穿着很旧的衣服，工作人员将他误认为是一位搬运工，指使他快去给玻耳兹曼搬运行李。

在为人处世方面，玻耳兹曼是一位充满爱心、十分认真的人，他努力将做人的宽容与做学问的严谨区别开来，分别对待科学上的争论、对峙与真诚的个人感情。在学术界，洛施密特、马赫、奥斯特瓦尔德是玻耳兹曼的主要争论对手，在关于科学问题的论争方面，双方总是唇枪舌剑，据理力争，从不相让。在争论之后，玻耳兹曼总是想办法主动恢复淡化了的私人情感，在对方批评的基础上反思自己的观点。例如，玻耳兹曼曾主动写信给洛施密特恢复个人关系，在洛施密特去世后又亲自撰文哀悼，并倡导捐资为洛施密特制作塑像。

玻耳兹曼宽容的生活个性，使他成为第一位接受英国科学家麦克斯韦电磁学理论的欧洲大陆科学家。也正是在研究麦克斯韦工作的基础上，他登上了科学的顶峰。在取得一定的科学荣誉之后，玻耳兹曼从不故步自封，而是始终注重参加各种形式的交流活动，经常保持同外界的各种联系。1899年、1901年和1904年，玻耳兹曼曾三次赴美国讲学，宣传他的原子论思想。1890—1894年，在慕尼黑任教期间，他继承了德国的学术传统，经常参加由物理学家、天文学家、数学家、化学家甚至哲学家组成的聚会活动。他们谈天说地、各抒己见，彼此激发着灵感。19世纪90年代初，玻耳兹曼首次出访英国，这件事在当时的欧洲有非常重要的历史意义，它不仅打破了英国科学家和欧洲科学家之间曾就牛顿和莱布尼茨发明微积分的优先权问题进行的长达两百年之久的争论所导致的对立局面，而且架起了英国科学家了解欧洲大陆科学研究概况的桥梁。此后，英国科学促进会为使英国科学家进一步理解玻耳兹曼的理论，专门举办了两次关于热力学问题的研讨会，促进了国际学术界对热力学理论的进一步研究。

五、哲学争论中的孤独者

同每一位在物理学研究的前沿领域内做出杰出贡献的物理学家都会表明自己的哲学立场一样，玻耳兹曼在运用力学机制和原子论思想研究自然现象的过程中所做出的贡献也隐含了他的哲学观点。

然而，在当时实证主义思潮正席卷物理学界、机械自然观的局限性逐渐显露的背景下，玻耳兹曼以分子、原子假设为基础的观点，被学术界斥为是不能实证的虚构"数学模型"或假设，受到了以马赫为代表的实证论者和以奥斯特瓦尔德为代表的唯能论者的强烈批评及指责；玻耳兹曼所建立的熵与概率之间的联系，由于不能还原成力学解释遭到物理学前辈的责难，致使玻耳兹曼始终难以摆脱哲学的困扰，在哲学争论中成为少数派的代表。

在19世纪末物理学的研究传统面临转型时期，用任何一种"什么主义"或"什么论者"来概括玻耳兹曼的哲学思想都会失之偏颇，当然用"正确"或"错误"的两分法来下结论更显不妥和盲目。玻耳兹曼的哲学观点主要在同马赫及奥斯特瓦尔德的争论中，以及他晚年为学生所开设的哲学讲座中体现出来。

玻耳兹曼同马赫之间的争论在他们成为同事之后达到了高峰。1895 年，玻耳兹曼从慕尼黑大学被聘到母校维也纳大学继任老师斯忒藩的理论物理学教授席位不久，富有批判精神的物理学家与哲学家马赫也应聘到维也纳大学继任了哲学家与心理学家布伦坦诺的科学哲学教授职位。当时，马赫开设的"归纳科学的历史与哲学"讲座，吸引了大批优秀的数学与物理学专业的学生和一些哲学爱好者，其中也包括玻耳兹曼的学生。受马赫思想的影响，大多数学生仅选择玻耳兹曼为第二指导老师，不像玻耳兹曼在格拉茨和慕尼黑那样，学生争着拜他为第一导师。这种精神压抑无疑深深地刺痛了玻耳兹曼的自尊心。

在学术观点上，马赫认为，物理学理论绝不应该建立在子虚乌有的不能得到证实的原子假说的基础之上，而应从大量由实验证实的经验事实中归纳出来。玻耳兹曼为了对自己的观点进行辩护，不得不在外界压力的迫使下不断调整自己的研究方向，从 1895 年之后逐步转向科学方法论的研究。他指出，如果采用明确的力学假设与恰当的数学手段所得到的结论同经验事实相一致，那么，即使这个假设并不能说明事物的全部本质，也应当承认它的客观性。气体分子运动论的假设正是如此。玻耳兹曼认为，人们在运用逻辑推理时，通常喜欢用自己看到的或感觉到的经验来作比喻，然而，当需要抛弃这种现象类推的方法去深入分析问题的内在本质时，却变得十分固执和愚蠢。

为了系统地表述自己的见解，1897年玻耳兹曼出版了《力学讲义》第一卷。在这本讲义中，玻耳兹曼从认识的心理图像论的观点出发，论证原子不是纯粹的形而上学的概念，而是作为一种内在的心理图像而存在着的，原子的实在性同心理图像在本质上是一致的。心理图像既超越于经验，又与经验相联系。玻耳兹曼指出，物理理论的任务就在于建立一个外部世界的图像，正是这种图像引导着或指挥着物理学家的思维和实验。反过来，实验又使图像得到不断修正和完善。物理学家所形成的思想是在思维过程中完成的，或者说，一种思想的确立事实上已完成了一次小规模的综合。而思维规律的作用就在于清晰地明确物理学家想象中的图像。所以，物理学家在研究外部世界时不可能建立一种绝对正确的理论，而只能找到一种尽可能简单、尽可能准确描述现象的心理图像。正因为如此，理论的构成可以使用不能被当时实验证实的假设，然后这种假设通过实验的不断检验加以调整。

玻耳兹曼的上述观点同现代物理学的研究传统是相吻合的。然而，在归纳主义占统治地位的19世纪末，这种观点在经验主义的框架内是难以容忍的。为此，玻耳兹曼在1898年很痛苦地写道：

> 我确信这些攻击是建立在曲解的基础之上的，气体理论在科学中所起的作用还没有完全显示出来。
> 我认为敌视气体理论是科学中的大灾难，这与波动理论受牛顿的权威影响的例子相类似。

随着压抑情绪的不断恶化和哲学困扰的日益加剧,1899 年,玻耳兹曼为了避开背弃他的学生及与马赫的争论决定离开维也纳大学,试图通过环境的变更来抚慰难以被人理解的孤独之心。1900年,在德国莱比锡大学担任物理化学教授职务的奥斯特瓦尔德的热情邀请和推荐之下,玻耳兹曼来到莱比锡大学担任了理论物理学教授职务。

然而,玻耳兹曼同奥斯特瓦尔德之间的观点对立并不比同马赫之间的观点对立更轻松。奥斯特瓦尔德是典型的唯能论者,他不仅反对玻耳兹曼的原子论观点,而且反对他从力学基础上构建理论物理学大厦的机械自然观。在莱比锡,他们两人朝夕相处,原有的观念分歧更加明显,学术争论的残酷性终于导致双方都患上了精神抑郁症。得不到同行的支持,也成为玻耳兹曼最大的心理障碍。

1902 年,马赫因病辞去科学哲学教授,维也纳大学多次邀请玻耳兹曼能返回母校继任马赫的哲学兼理论物理学教授职位,并重组维也纳哲学研究所。晚年的玻耳兹曼由于精神及身体的原因,将自己的兴趣几乎完全转向了哲学方面。1902 年再次回到维也纳大学之后,玻耳兹曼一方面接任了曾由布伦坦诺、马赫开设的哲学讲座及叔本华的哲学思想讲座;另一方面为了探究哲学究竟是什么的问题,在 1904 年完成出版了《力学讲义》第二卷之后,制定了大量的阅读计划。由于眼睛状况不好,玻耳兹曼只得雇用女工帮他读物理学与哲学著作,其中包括康德、叔本华及数学哲学等专著。在这一时期,玻耳兹曼对哲学的研究兴趣已超过了对物理学的兴趣,他决心重新寻找到一条研究哲学的有效途径。

为了达到这个目的,玻耳兹曼除了实施读书计划,还对数学、逻辑学与语言学等问题进行了研究。玻耳兹曼认为,同理论物理学的研究一样,只要人们能找到恰当的方法,哲学问题就可以得到解决,这种方法就是语言和数学分析的方法。玻耳兹曼的这种见解同20世纪30年代西方科学哲学逻辑实证主义的内在本质是一致的。

可是,从1903年到1906年,玻耳兹曼的哲学讲座并没有达到他预想的效果,听讲学生的人数有所减少。这种状况促使玻耳兹曼把所有的时间都投入到对哲学的疯狂研究中。完成一本系统阐述自己见解的哲学著作成为他的最大夙愿。然而,令人遗憾的是,还没有等著作完成,这位哲学争论中的孤独者于1906年9月5日在意大利度假的旅店里莫名其妙地以上吊自杀的方式结束了自己的生命,摆脱了心中的一切烦恼。玻耳兹曼的死成为物理学史上极其令人痛心的一桩事件,而他的死因既为后人研究他的思想提供了想象的余地,同时也留下了一个恐怕永远也难以解开的谜。

综上所述,玻耳兹曼的科学成就在推动和促进现代物理学发展的同时,还带来了一系列具有学术价值的科学与哲学问题,证明了科学研究与哲学研究之间的内在相关性,值得我们进行更深入的探讨和研究。

(作者:成素梅　钟海琴)

迈尔
能量守恒定律的发现者

尤利乌斯·罗伯特·冯·迈尔
(Julius Robert von Mayer, 1814—1878)

能量守恒定律是自然科学中最普遍、最基本的定律之一。虽然，早在17世纪，笛卡儿就提出了宇宙中运动的量是守恒的哲学原理；早在18世纪末，拉姆福德、H.戴维用实验证明摩擦可以产生热，但是，由于热质说的羁绊，他们没有找出热功当量，也未能发现能量守恒定律。可是，"在1842年到1847年之间，四位彼此相隔很远的欧洲科学家——迈尔、焦耳、科尔丁、亥姆霍兹先后公开发表了关于能量守恒的假说"，如果更推广一点，从19世纪30年代到40年代，"有十多位科学家都各自掌握了能及其守恒概念的主要部分"，成为科学史上同时发现的突出案例。进一步考察，可以发现这些科学家是分别从不同途径发现这条定律的，这些不同途径主要是：（1）从研究蒸汽机的效率而得出热功当量并接近能量守恒定律；（2）从化学、生理现象（特别是动物热）的研究而走向能量守恒定律；（3）从电磁现象的研究接近能量守恒观念。而在1842年，第一个公开发表热功当量值和能量守恒假说的是德国的一位医生迈尔。他是一位天才的业余科学家，他是在德国古典自然哲学的指导下，首先通过生理现象（动物热）的考察而发现能量守恒定律的，他也是把物理学和生物学结合起来的生物物理学的先驱。但是，由于他是一位业余科学家，他的重大科学贡献有很长一段时间得不到人们的承认，他度过了不幸而悲惨的一生。

一、药店老板的幼子

迈尔于 1814 年 11 月 25 日出生于德国符腾堡（今巴登－符腾堡）的海尔布隆。当时，这是一个宁静的乡村小镇，现在已是一个繁荣的工业城市了。他的双亲都是德国西南部斯华比亚公国人的后裔。他的父亲 C. J. 迈尔是一个殷实的药店老板，他对化学和一般科学实验都很有兴趣。他的母亲 K. E. 海尔曼是一个图书装订工的女儿。她身体不太好，性情怪僻，但并没有严重的精神失常。他们有三个儿子，迈尔是最小的一个，两个哥哥都继承父业，经营药店。

迈尔在海尔布隆念中学，直到 1829 年。在那里，他学习了当时流行的古典课程。据说，他对古典语文有些反感，但数学学得很好。当时学校的课程中，自然科学学得很少，迈尔是在他哥哥的帮助下，通过在家中做种种实验而熟悉物理学、化学和生物学的。

15 岁那年，迈尔离开了中学，寄宿在申塔尔附近的神学院中准备大学的入学考试。在那里，因为他擅长玩机智的科学游戏而被朋友们称为"精灵"。他的实际学业平平，但历史学得不错。他有一种独立放任的性格，不太服从于学校纪律，喜爱诗歌和小说，特别是英国历史小说家司各特的小说。

二、大学生涯

1832 年，迈尔进入蒂宾根大学学习医学。在大学时期，他也不是一个用功好学的学生，但对解剖学特别感兴趣，据说他选这门课选了六次。他没有学数学和哲学，只有一个学期选修了一位讲师教的物理学。他花很多时间从事课外活动,广交朋友。他在同学中颇有名气,是一个善玩纸牌和台球的小伙子。

在迈尔入学后的第五年,1837年2月,迈尔因参加一个秘密的学生团体曾被拘留,被学校当局勒令停学一年,并被迫离开蒂宾根。停学在当时是一种很严厉的处分,对此迈尔进行了六天绝食抗议。这时,有一个医生对迈尔做了身体检查,并报告说,如果不答应迈尔的要求,他的精神会受到严重挫伤。这一事件可能是迈尔后来精神状态不好的先兆。

之后,迈尔到慕尼黑和维也纳做了短期访问。1838年1月,他获准返回蒂宾根大学复学。接着,他完成了他的学位论文,通过了博士考试,获得了医学博士学位。他的学位论文是关于一种治疗肠内寄生虫的药物——山道年的常规的临床研究,其中丝毫没有显示他后来的科学才能。

三、做荷兰船医时在爪哇的发现

迈尔从大学毕业后,没有如他的亲属所期望的那样,在故乡开业行医,而是决定出外旅行,看一看西欧以外的世界。他不顾双亲的劝告,决定到去东印度做贸易的荷兰商船上做船医,这也反映了他的独立精神。为此,他需要一张荷兰的医生执照。1838年,他通过了申请执照的考试,成绩为"良"。之后,他在巴黎待了六个月,等待出航。这一时期,他专心于观察法国的医疗临床实践,而没有任何证据表明他曾致力于增进他的物理学、化学和数学知识。但是,在巴黎,迈尔很幸运地与他的同胞卡尔·鲍威尔结识,后者后来成为斯图加特大学的数学教授，并曾在数学上给予迈尔以巨大的帮助。

1840年2月22日，迈尔从荷兰鹿特丹登上海船爪哇号，向巴达维亚（今印尼雅加达）航行。这次航行持续了三个月。根据迈尔的船上日记，船医没有多少事可做，他与船长、大副等高级职员也无多少交往。他时常感到吃不饱，而花大部分时间阅读他所携带的科学书籍。

在迈尔到达东爪哇的港口苏腊巴亚（今印尼的泗水）后不久，他曾为船上的一些海员放血。他惊奇地发现他抽出的静脉血比他预期的更为鲜红。他开始还以为是自己误抽了动脉血，经与东印度的医生讨论之后，才知道这是热带地区的普遍现象。迈尔在1840年7月中旬的这一发现，是激发他发现能量守恒定律的第一颗火花。静脉血的鲜红说明用于氧化食物的氧比较少，因此产生的热量也比较少。这是因为生活在热带的人为维持体温所需要的热量比较少。这一发现激发了迈尔的一连串思考，他还联想到人的体力所做的功。他因这个生物物理学的疑难问题而十分兴奋，并在此后的漫长科学生涯中一直关注着这个问题。他认为由此产生的思想十分重要，因此在海船停泊在爪哇期间，他一直在甲板上思索这一问题，甚至很少上岸游览观光。在航行期间，海员们在聊天时告诉迈尔，海水在暴风雨时比较热，这也使他联想到热与机械运动的等效性。1840年9月，海船回到了荷兰。1841年2月，迈尔又回到了他的故乡海尔布隆。

迈尔这时已长大成人，长得比中等身材略高一些。他有一张大嘴和一对大耳朵，眼睛呈深棕色，通常留一圈胡子，面部富于表情。他是一个近视眼，终生佩戴眼镜。据说他走路时总是凝视前方，坐下时，身体前倾。对于感兴趣的话题，他很喜欢交谈，可是一旦话不投机，他就毫不犹豫地表示厌烦。他有很重的斯华比亚口音，他的德语说得非常清晰，并富有表达力。他对宗教很感兴趣，但并不让人感到他的宗教观与他的科学研究之间有什么冲突之处。

四、1841年的一篇未发表的论文

1841年2月回到海尔布隆以后，迈尔立即开业行医，并颇有声誉。在有了行医经验之后，他被聘为镇里的主要外科医生。与此同时，他又开始了他的科学思考。他深信在热与功之间必有一个恒定的关系。遗憾的是，他有关物理学的思想还相当模糊。他往往是通过哲学的思辨认为自己的想法是可信的，但由于缺乏物理学的素养，他难以做出精确具体的物理学表述。

1841年夏，迈尔把他的想法整理出一篇论文《关于力的量和质的测定》。在当时，德文中的"力"一词相当于以后的"能"一词。这篇论文于1841年6月投给波根多夫主编的《物理与化学杂志》。

论文首先指出：自然科学的任务是用因果关系来解释无机世界和有机世界的各种现象。一切现象都在变化。变化不可能没有原因。这种原因就是力。他认为，"力是不灭的"，"力在量上是不变的"。他认为，正如化学是有关物质存在的本性的科学一样，物理学是有关力的存在的本性的科学。正如化学假定物质在每一个反应中，不管其性质发生什么样的变化，其量是不变的一样，物理学也假定力在量上是守恒的，不管力的形式在质上经历什么样的变化。

这篇论文的思辨性较强。在论文中，迈尔用质量和速度的乘积（mc）来表示运动的量（即动能），接着他考虑两个粒子碰撞的特例。每个粒子有质量 m，速度 c，并在一条直线上相互接近。运动的力的"量的测定"是 $2mc$。而"质的测定"在形式上为 0，因为两个粒子的运动在量上相等，而方向相反。迈尔用 $0\,2mc$ 来加以表示。除非粒子是完全弹性的，否则运动力的"量的测定"在碰撞后比碰撞前要小；对于完全非弹性粒子，这个量在碰撞后为 0。但表示运动的力永不消失。迈尔认为，在碰撞中"中和掉的"那部分力就以热的形式出现。最后，迈尔还讨论了碰撞粒子不在一条直线上运动的情况。

波根多夫杂志的编辑部拒绝发表这篇论文，也未做任何解释。迈尔多次索要稿子，也未退稿。直到三十六年后，策尔纳才从编辑部取出这篇稿子，并于 1881 年发表。虽然迈尔对此颇为愤懑与失望，但他很快认识到自己论文的缺陷，立即下决心进一步学习物理学和数学。迈尔还和当时在蒂宾根的朋友、物理学教授鲍威尔通信，进行有关的学术探讨。

五、1842 年公开发表的论文

通过自学和鲍威尔的帮助，到了 1841 年 9 月，迈尔已澄清了他关于"力"（即"能"）的观念。他认识到，质量乘速度的平方 mc^2，而不是 mc，才是运动和力的适当度量。他还根据气体的比热容计算出热功当量。他写出了一篇短文，题为《论无机界的力》。1842 年

3月，迈尔把这篇论文寄往李比希的《化学与药学杂志》。这篇文章于1842年末在该刊42卷233页上发表，另一说是于1842年5月在该刊发表。

在这篇论文中，迈尔进一步阐明了"力"的概念。他认为，力是原因。他依据莱布尼茨的"因等于果"的原理，推论出"因是不可灭的"[1]。他认为自然界有两类原因：一类是物质，它们具有可称量性（重量）和不可入性；另一类是力，它们是"不可灭的、可变换的、不可称量的东西"。

迈尔在文中用落体力（$md=$质量乘距离）来表示势能，用质量乘速度的平方（mc^2）来表示活力（即动能），认为二者可互相转换。"力，一旦存在，就不能变为无，而必然以另一种形式重新出现。"运动的消失就产生热，而热也可以转化为运动，例如，蒸汽机就可以把热转化为运动。不仅通过碳与氧的化学反应可以转化为运动，用化学方法获得的电也可以转化为运动。他还通过气体的定压比热容和定容比热容之比（$C_p:C_v$）为1.421，推算出热功当量为，1千克水下落365米所做的功，相当于把1千克水从0°C加热到1°C的热量（即1千卡=365千克力·米的落体力）。但文中并没有给出具体的推导过程。这篇论文表明，迈尔是历史上第一个公开提出能量守恒假说并推出热功当量的人。可惜这篇文章不是发表在专业的物理学期刊上，而是发表在《化学与药学杂志》上，因而没有引起焦耳和科尔丁等人的注意，他们又独立地做出了各自的发现。迈尔在

1　莱布尼茨在1690年发表的一篇文章中提出了这一原理。

海尔布隆附近的朋友都同情他,鼓励他,可惜他们都不是有巨大影响力的科学家。

六、1845年论文的准备与发表

1842年的论文发表之时,迈尔还比较年轻和自信,他乐观地期待着他的工作将得到学术界的承认。该年,他与温纳登的克洛斯女士结婚。当时,迈尔开业行医的收入相当丰裕,他的医术也得到社区的承认。如果他能满足于这些,他本可以过一种宁静幸福的生活。可是他渴望从他有关热与功可相互转化的观点出发,建立起一个普遍的能量守恒理论。1842年12月,他写信给他的朋友格里森格尔说:

> 我主张运动、热、光、电和化学反应都是具有不同表现形式的同一种对象。

从1842年到1845年,迈尔开始撰写他的第三篇论文。这时期,他的朋友鲍威尔来到了海尔布隆,使迈尔获益匪浅。鲍威尔给迈尔补数学和物理课,阅读他的新论文的每一部分并做出评论。鲍威尔鼓励迈尔扩大新论文的篇幅,以便更充分明确地表述他的思想,从而有希望比1842年的论文引起更多人的注意。迈尔接受了鲍威尔的劝告,并决定论证他的能量守恒概念也适用于生命世界。所以,他的新论文的题目是《论有机体的运动以及它们与新陈代谢的关系——一篇有关自然科学的论文》。这是一个不幸的标题,因为它不能确切地反映论文的主题思想。迈尔又把这篇论文投寄给李比希的《化学与药学杂志》，结果却被拒绝发表。据李比希的助手说，不能发表是因为杂志编辑部已经积压了大量化学方面的论文。估计李比希并没有仔细地阅读这篇论文。有人曾建议迈尔投寄波根多夫的《物理与化学杂志》。可是，迈尔根据他1841年的遭遇，已没有兴趣做这种尝试，因为他估计这篇论文肯定会被该刊编辑部拒绝。最后，在1845年，迈尔自费在海尔布隆的德雷希斯勒书店出版了这篇论文。这是一篇长文，一共印了112页。这也是迈尔最重要的一篇论文。

在这篇论文中，迈尔仍从"因等于果""无不生有，有不变无"的原理出发，论述了力（能量）的守恒。他进一步论述"热也是能的一种形式，可以转化为机械能"，并且具体地推算了热功当量。他假设 x 是把1立方厘米空气在定容时从0°C加热到1°C时所需的热量（以"卡"计）。把1立方厘米空气在定压（标准大气压）时从0°C加热到1°C时则需要更多的热量，设为 $x+y$。因为，在定压时，加热后空气体积膨胀，膨胀时反抗阻力必须做功。因为膨胀是在标准大气压下实现的，所以，额外的热量 y 将用来提高76厘米高截面为1平方厘米的汞柱。如果 P 是汞柱的重量1033克，h 是膨胀时上升的距离1/274厘米，所以 $y=1033×(1/274)$ 克力·厘米 $=3.77$ 克力·厘米。另一方面，1立方厘米的空气在0°C和76厘米汞柱大气压时重0.0013克。根据德拉罗赫和贝拉尔的工作，空气的定压比热容为0.267。因此，1立方厘米空气在定压时从0°C加热到1°C时所需的热量等于 $0.0013×0.267=0.000347$ 卡。按照杜隆的数据，空气的定容比热容与定压比热容之比为 1∶1421（迈尔的文章误刊为 1.41），由此算得 $x=0.000347/1.421=0.000244$ 卡。因此 $y=$（$0.000347-0.000244$）$=0.000103$ 卡，相当于 3.77 克力·厘米 $=0.0377$ 克力·米。因此，1 卡相当于 $0.0377/0.000103$ 克力·米 $=367$ 克力·米（相当于 3.59 焦耳），1 千卡相当于 367 千克力·米。

迈尔关于热功当量的推导，根据当时关于比热容的测定值，应该说是相当准确的。他的推导依据了这样一个假设，即空气在自由膨胀时不做内功。虽然迈尔可能在 1842 年已经知道盖·吕萨克的实验支持这一假设，但他在 1845 年的论文中才明确地指出了这一点。

迈尔在论文中进一步把物理能的形式分为五种：（1）重力势能（落体力），（2）动能（简单运动和振动），（3）热，（4）磁、电（电流），（5）化学能（某些物质的分解、化合），并列举了这几种能量相互转化的 25 种方式。如果当时迈尔把这篇文章的物理学部分单独写成一篇文章，并用一个明确的标题，也许迈尔关于热功当量的推算和能量守恒假说的优先权就较易为人们所发现、所承认。

迈尔在论文中还指出，太阳能不论在过去、现在，还是未来，都是地球表面能量的主要来源。植物吸收了太阳能，把它转化为化学能。动物摄取了植物，通过氧化，把化学能转化为热和机械能。由此开始，迈尔以三分之二的篇幅探讨了能量转化和生物学现象的关系，这可以说是生物物理学的开端。

迈尔在论文中描述并解释了他 1840 年到热带航行时的发现——海员的静脉血比在欧洲时要红，同时对动物热做了深入的探讨。他认为食物的氧化是动物热的唯一可能来源。在这一点上，他和李比希的观点是一致的，但是他不赞成李比希的活力论和所谓生活力的概念。李比希认为，肌肉力是通过肌肉组织中蛋白质中的生活力的中介，从化学力转化过来的。李比希还认为，生活力有多种功能，而其主要的功能是防止动物身体的自发腐烂，因为动物的组织经常处在氧气和湿气之中。迈尔否认腐烂会自发地在动物组织中发生。他论证说，即使腐烂确实发生，腐烂部分当其刚开始腐烂时就会被血液很快地带走，因此，假设有一种生活力，不仅不科学，也无必要。

李比希还主张：淀粉和糖在血液中氧化而产生热；只有带蛋白质的肌肉组织中可以发生产生肌肉的机械力的化学变化，这些变化不在血液中发生，所以，肌肉在使力时自身要被消耗掉。为了批驳李比希的论点，迈尔运用他的热功当量，计算出为了供应动物一天所做的功，假如李比希的假说正确，一天需要消耗多少肌肉组织（特别是心脏），从而有力地证明了李比希的假说不能成立。迈尔的结论是，不管释放的力的形式和地点，氧化都是在血液中进行的。

迈尔认为，肌肉系统是动物身体中转换能量的工具，但肌肉本身在运动中并不被消耗。肌肉在动物的机械活动中有两方面的作用：（1）肌肉中的运动神经，犹如轮船中的舵手，起着控制的作用，它不供应动力，只能消耗少量能量；（2）肌肉中的新陈代谢（血液中的氧化）提供了动力，犹如轮船锅炉中煤的燃烧。这里，迈尔接近于把控制论思想引入动物生理学。

在这篇论文的结尾，迈尔讨论了肌肉的疲劳。他区分了由于单纯使力（如手持重物）的疲劳和消耗机械能（如把重物举高）的疲劳。后者必须用消耗食物来补偿，而前者只需要适当休息即可。

可是，这篇重要的论文并未引起当时物理学界和生理学界的重视，只有迈尔对李比希的生活力概念的批判引起了一定的反响。1845年以后，李比希的一些年轻学生就不再引用生活力的概念了。关于肌肉分解问题，在生理学界里仍有争论。虽然，到1870年，人们同意碳水化合物和蛋白质的氧化都对肌肉机械能的产生有所贡献，但迈尔的论文对这些发展没有产生什么影响。

迈尔很可能把这篇论文送给著名的物理学家、生物学家和某些期刊请求给予评论。可是，除了少数期刊刊登了敷衍性的消息，这篇论文没有引起更多的反响。

从19世纪70年代到80年代初，马克思主义经典作家恩格斯在写作有关《自然辩证法》的札记时，仔细阅读了迈尔1842年和1845年的论文，并做出了很高的评价：

> 在1842年迈尔已经肯定了"力的不灭"，而在1845年他又根据自己的新观点，在"自然界中各种过程的关系"方面说出了比亥姆霍兹在1847年所发表的高明得多的东西。

七、1846—1848年，不幸遭遇的开端

从1846年起，迈尔开始了他不幸的生涯。公众对他1845年的论文反应冷淡，使他感到沮丧。他的三个孩子相继去世，给他带来了巨大的痛苦。另一种说法是，他生了七个孩子，其中有五个在幼年时夭折。迈尔在从事医业之余专注于科学研究，这使得他多少有

点难以相处,虽然据说他的脾气还是不错的。他也日益为他的科学工作得不到承认而苦恼。

1843年,英国的焦耳首次发表了他根据自己的实验测定所做出的关于热功当量的估算。1847年,焦耳在巴黎科学院的《科学报告》上发表了自己的工作成果,并提到迈尔关于热功当量的推导根据了一个基本的假设,而这在当时是尚未证明的,只有焦耳本人后来的实验才使它成为合理的。这篇文章刺激了迈尔。迈尔回答说:法国人盖·吕萨克关于气体膨胀的实验,早在焦耳之先为他的推导提供了基础。这才使焦耳暂时保持了沉默。

不幸的是,迈尔又受到了一个德国的年轻讲师赛弗的攻击。赛弗在报上发表了一篇短文,说迈尔是一个冒充博学的蠢人,他的热的唯动说就是一个笑话。迈尔对这个可笑的事件又过分认真,为了做公开答复而深感烦恼。所有这些事件扰乱了他易于激动的情绪,最终导致他的精神崩溃。

此外,1848年3月,在法国二月革命的影响下,德意志南部各邦的革命暴风雨似的发动起来。1848年2月27日到3月1日,巴登人民举行声势浩大的示威游行和群众集会。他们高呼"共和国万岁!"的口号,要求出版自由,废除封建特权,在普选的基础上召开全德议会。同年3月,农民斗争也席卷德国。巴登、符登堡等地区都是农民运动的中心。1849年3月28日,法兰克福议会通过全德的帝国宪法。5月,德国的资产阶级民主派在各地掀起护宪运动。到1849年7月中旬,各地的护宪运动都被普鲁士王国军队镇压。1849年3月开始的德国革命至此宣告结束。

在革命狂飙时期，迈尔的一个哥哥弗里茨·迈尔热情地投身革命，而迈尔则始终持保守立场。在革命时期，他曾被起义军短期拘留，在经济上和精神上都受到打击，最后导致他和他的哥哥弗里茨之间的不和与疏远。

八、1848 年的论文

在 1846 年到 1848 年的困难时期，迈尔仍坚持他的科学研究。1846 年，他写了一篇题为《太阳的光和热的产生》的论文，送交巴黎科学院。这篇文章未被发表，也没有得到任何答复。他根据该文的材料进一步扩大成为另一篇论文《对天体力学的贡献——通俗的论述》，于 1848 年在海尔布隆的 J. U. 兰德亥尔出版社自费出版。

迈尔在论文开始时就指出，太阳不断发出大量光和热，损失能量，必须有能量来补充。他想到了化学能（燃烧）、机械能（在当时的历史条件下，他不可能想到放射性和核能，这是可以理解的）。在论证了任何化学燃烧不可能维持太阳的巨大辐射后，迈尔提出了太阳热来源的陨石假说。迈尔设想，大量的陨石、宇宙碎片进入太阳系绕太阳旋转，与发光以太的摩擦使它们逐渐地以螺旋状下降，并以各种不同速度落到太阳表面上。当这些物质撞击太阳时，它们的动能就变成光和热。迈尔用热功当量计算出单位质量的物质撞击太阳所产生的热为燃烧同样质量的碳所产生的热的 4000 到 8000 倍。因此，如果落入太阳的物质的量足够大，这一过程就可以维持太阳释放出来的巨大热量。后来的研究证明迈尔的陨石假说是站不住脚的，因为没有充分的天文学证据表明有那么多宇宙碎片和陨石不断地落入太阳。尽管如此，英国的开尔文勋爵（当时为威廉·汤姆孙爵士）在1853年仍做出了类似的假说，而没有提到他的先行者迈尔。

在这篇论文的第七、第八两节和迈尔在1851年寄给巴黎的备忘录《月球对地球自转的影响》中，迈尔探讨了潮汐摩擦对地球自转的影响和地球的内热。我们知道，早在1745年，康德就发表了这样的观点：地球自转因潮汐摩擦而逐渐迟缓。但是，当时没有深入研究这一问题的科学条件，直到差不多一百年以后，迈尔等科学家才对这个问题进行了具体深入的研究。迈尔的计算结果是，经过2500年，地球的自转将变慢，一天的时间长度将增加0.06秒。但迈尔也知道，实际上，地球自转的速度，或每天的时间长度在2500年来的变化小于0.002秒。为此，迈尔大胆地假设，地球由于冷却而收缩，2500年地球半径收缩4.5米，可以加速地球的自转，从而抵消减缓0.06秒。迈尔的这部分工作的影响也难以估计，因为1848年的论文没有广泛流传，他送交巴黎的备忘录只做了简要报道而没有印刷发表。从19世纪50年代到70年代，有一些学者独立地重复了这方面的工作，做出了更为精确的计算。

九、1850年跳楼自杀未遂和科学工作的终结

1850年5月，在严重失眠之后，迈尔从他的卧室窗口跳楼自杀未遂。楼高9米，他跳楼后没有受到严重的内伤和大的骨折，只是双脚受到较重的挫伤，经过长时间治疗才逐渐复原。有一段时间，他的医业受到了损害。他为了恢复镇静，曾乞求于宗教神秘主义。

尽管在这种情况下,他仍没有忘了他的科学工作。

该年圣诞节,迈尔写出了《关于热功当量的评述》一文。该文于 1851 年在海尔布隆的 J. L. 兰德亥尔出版社由迈尔自费出版。

这篇文章是他关于他自己工作的回顾与综述。首先,在哲学上,他表达了他的经验论倾向,强调了对现象的考察,反对空想和思辨。同时他又强调数在科学中的作用,这又有点像是毕达哥拉斯哲学的信徒。他追述了他于 1840 年在爪哇有关静脉血液的鲜红颜色的观察,论述了能量概念的生物学意义。他也追述了他在 1842 年和 1845 年发表的两篇论文,重申了他在热功当量和能量守恒的发现方面的优先权。关于热的本性,他既明确反对热素说,又对热的原子理论持怀疑态度。文章的结尾引述并高度评价了焦耳的工作。这篇文章标志了迈尔科学工作的终结。此后,他就一直被疾病困扰,处于十分悲惨的境地。

十、在精神病院受折磨和误传的"讣闻"

1851 年,他的精神状态更为不好。他知道自己需要治疗,但不知去哪儿为好。该年秋天,他住进了距斯图加特 40 公里的哥平根镇的拉德勒大夫开的私人疗养院。但治疗并不成功,他又被转送到该镇的公立精神病院,院长是泽勒尔大夫。据说,迈尔在那里受到了虐待,一度被迫穿上了拘束衣。直到 1853 年 9 月,他才从该精神病院被放出来。有一份资料说,医院当局认为他的病已无治愈的希望,他将不久于人世。在受折磨期间,他仍念念不忘他的科学工作,这可能使他的治疗更为困难。

迈尔的病情相当复杂。迈尔死后，医学界仍有不少议论。许多人认为对迈尔的诊治不当，因为迈尔晚年从不承认他患过精神病。不过，在若干年中，他时常表现出有精神分裂的行为大概是无可怀疑的。

迈尔离开精神病院以后，回到了海尔布隆，之后又恢复了有限的行医业务。他脱离科学界足足有十年之久。他所提出的能量守恒思想，后来被克劳修斯、亥姆霍兹、开尔文、兰金等人扩展成为热力学的基础。而迈尔的早期贡献，大都被人们忘却了，甚至有些知道他的贡献的人，也以为他已不在人世。1858年，李比希在慕尼黑的一次学术讲演中，赞扬了迈尔的科学贡献，并向听众宣告，迈尔在精神病院已不幸英年早逝。李比希的讲演稿被公开发表了。当然，海尔布隆方面否认了这个误传，但这个否认并没有引起人们的注意。而波根多夫的《手册》还正式发表了迈尔的"讣闻"。虽然在后来出版的增订本中做了更正，但是，人们是很少查阅增订本的，所以，在科学界，许多人都以为迈尔是真的逝世了。

十一、晚来的承认

1854年，亥姆霍兹在一次有关"自然力的相互作用"的讲演中提到迈尔是能量守恒原理的奠基人之一，并承认迈尔比焦耳、科尔丁和他自己更早地做出了这个发现。1858年，由于化学家舍恩拜因的推荐，迈尔被聘为巴塞尔自然科学院的名誉院士。克劳修斯也尊敬地推崇迈尔是能量守恒原理的奠基人并于1862年开始和他通信。1860年，迈尔开始参加科学会议，并做了一些一般性的讲演。1862

年，他在《健康文库》上发表了题为《论发热》的科学论文，但这篇文章没有什么创造性，主要是已知事实的综述。他对达尔文的进化论持反对态度。在他关心的能量转化领域，他对与热力学第二定律有关的发展，也不抱赞同的态度。

通过克劳修斯的介绍，迈尔与英国的物理学家廷德耳有了接触。廷德耳当时是英国皇家学院的教授。1862 年，廷德耳在伦敦举行的一次国际科学会议上做了一次讲演，综述了有关热功当量研究的发展。他借此机会，对迈尔的先驱性工作做了高度评价，强调了他的优先权，结果引起了一些英国科学家的反感。焦耳在《哲学杂志》上发表了一篇有礼貌地向廷德耳质疑的文章。对此，廷德耳在该杂志上发表了迈尔的 1842 年和 1848 年（可能是 1845 年之误）两篇论文的英译文，以支持自己的论断。这又导致廷德耳与爱丁堡大学的 P. G. 泰特之间的尖锐争论，后者不愿承认迈尔的优先权。威廉·汤姆孙爵士也加入了争论，一方面是为了强调他自己对新建立的热力学理论的贡献，一方面是为了支持他的好友泰特。汤姆孙评论的调子更为高傲，可能是因为廷德耳谈到迈尔在关于太阳热来源于陨石的理论方面也优先于汤姆孙而刺痛了他。此后，廷德耳又在他的题为《作为运动形式的热》一书（1863 年出版）中，详尽地评述了迈尔的工作。在这场争论中，由于廷德耳的论据更令人信服，他取得了优势。终于，1871 年，迈尔被授予伦敦皇家学会的科普利奖章，正好在焦耳得此奖章的一年以后。在德国，迈尔又成为蒂宾根大学的名誉哲学博士、巴伐利亚和柏林科学院的院士。

在 19 世纪 60 年代末，有人建议迈尔写一部有关热学的物理教科书，阐述新的热力学思想。迈尔表示他已不能承担这项工作。1869年，斯图加特的科塔编了一册迈尔的论文集。1893年，J. J. 韦罗克编辑出版了一个增订本，其中还包括他收集的迈尔的书信。

十二、迈尔和杜林

1873年，欧根·杜林的《批判的力学原理史》一书出版了。在当时的人物传记辞典中，杜林被列入哲学家和政治经济学家的行列。可是，他却对科学哲学和科学史深感兴趣，并且还是一个多产的著作家。在该书中，杜林强烈地主张迈尔在热的唯动说和发现能量守恒原理方面的优先权。杜林对该研究领域中其他学者的尖刻批评导致他和亥姆霍兹之间的一场争论，而这场争论最终导致杜林丧失他在柏林大学的教席。杜林是这样一个人，他对于他所赞成或反对的事都带有强烈的情绪，并且毫无顾忌地以极夸张的言辞表达出来。他对当时柏林大学的制度做了极为猛烈的抨击，并产生了轰动一时的影响。当然，这同迈尔并没有关系。迈尔显然读过杜林的书，但他并没有主动给杜林写信。后来，杜林送给迈尔一些有关他的书的评论，可能还介绍了柏林学术界中有关的一些争论。在这之后，迈尔在1877年6月22日写信给杜林，对杜林因为他的缘故而遭受这么多麻烦表示关切。

1877年7月底，迈尔和杜林在小镇维尔特巴德相遇，当时杜林和他的家人正在那儿度假。在迈尔去世后的1880年出版的《罗伯特·迈尔——十九世纪的伽利略》一书中，杜林回忆了他与迈尔的谈话。据说，迈尔在谈话中似乎更愿意谈他的健康问题，而不是关于能量守恒学说。迈尔特别坚持说，他从未患过精神病，他在温南塔尔的精神病院中受到了可怕的虐待（杜林在他的书中可能有夸大其词的地方）。杜林还认为，德国的"专家的同业公会"也对迈尔做了有意的迫害。杜林的这些话不可全信，因为杜林可能受到他对亥姆霍兹极度反感的情绪的影响。不过，在迈尔积极从事他的科学研究的时期，他难免不被专业科学家们看作一个业余的科学家，虽然他自己不希望人们这样看待他。一个业余科学家，在专业科学家当中，日子总是不大好过的。

据杜林记载，迈尔的家庭生活也是不幸的。迈尔夫人据说是一个硬心肠的有男子气的妇女，她不可能对迈尔的科学工作有多大的同情心，特别是迈尔这么做还影响了他的经济收入。她的亲戚可能更强烈地认为迈尔的业余科学研究完全是在干傻事，因为他干了那么久也没有得到什么荣誉和好处。杜林甚至认为迈尔夫人的亲戚没有积极争取把迈尔从精神病院接出来，反而编造了他精神失常的故事。在韦罗克编辑出版的迈尔文集中，所发表的迈尔的信件并不能证实杜林的判断。可是，奥斯特瓦尔德指出，那些信件是迈尔死后由他的亲戚交给韦罗克的，他们可能没有提交对自己不利的信件。所以，杜林关于迈尔的家庭生活的叙述，其真实性如何，仍是一个悬而未决的问题。

恩格斯在1876年至1878年写的《反杜林论》一书中，对杜林的哲学、政治经济学和社会主义学说做了全面深入的批判。但是，涉及迈尔发现能量守恒定律的优先权问题，恩格斯和杜林并无分歧意见。恩格斯在《自然辩证法》一书中，曾多次提到迈尔对发现能量原理的贡献。在 1885 年写的《反杜林论》第二版序言中，恩格斯也对"柏林大学曾经以过分不公正的态度对待杜林先生"，"这个大学竟然在人所共知的情况下剥夺了杜林先生的教学自由"进行了谴责。不过，恩格斯所说的杜林受柏林大学打击的原因和时间与本文中所引材料有出入。

十三、暮年的烦恼

1876 年，在迈尔去世前两年，迈尔发表了他最后一篇科学论文《释放》。这篇文章讨论了那种以少量的能可以控制大量的能的释放的现象。迈尔讨论的主要是生理学方面的释放现象，还举了生理学方面的实例，特别是神经过程。当时迈尔的健康状况不好，这篇论文据说没有多大的科学意义。

人们可能认为，在迈尔的暮年，在他发现能量守恒定律的优先权得到承认并获得一系列荣誉称号之后，他的心情应该愉快和安详了，但事实并非如此。

1877 年，亥姆霍兹在一次"关于医学思想"的学术讲演中，讲了如下的一段话：

> 容易发现，在外行人中有时也持有表面上类似的思想，由于这类巧合人们很快授予这些外行人以天才人物的荣誉。在许多这样巧合的思想中，必然有一些是部分正确的，甚至有可能是全部正确的。如果总是错的，那确实是聪明过度了。在一些幸运的思想的场合，人们会提出要求，给予

他发明的优先权；如果这思想不成功，愉快的健忘可以消除全部失败的记忆。……一个科学研究者，在他把他的思想从各个可能的角度加以证实、排除一切反对意见并牢固地建立他的证明之前，是不会把它们公之于世的，从而处于一种明显的不利地位。现行的判定优先权的制度，只考虑最早发表的日期而不考虑工作的成熟程度，实际上助长了这种混乱的状况。

对于大多数人，不论是科学家还是外行人，亥姆霍兹的这种说法，在一般情况来看，是言之有理的。可是，迈尔却认为亥姆霍兹是冲着他讲的。鉴于亥姆霍兹早在 1854 年就公开承认了迈尔的优先权并赞扬过迈尔的工作，所以，迈尔的态度是不够冷静和理智的。他容易被人无意地冒犯，甚至难以忍受一丁点儿暗含的轻蔑。针对亥姆霍兹的发言，迈尔又试图用他的 1845 年和 1848 年的论文来证明自己的成熟性。实际上这已没有什么必要，只反映了这位不幸的老人孩童般的愤懑心情。

迈尔在他的神经崩溃之后，健康状况一直不太好，不过他仍能活动到 1877 年的冬天。这时，他的右手感染了结核菌。他于 1878 年 3 月 20 日在海尔布隆逝世，享年 64 岁。他死后，在他的故乡海尔布隆，人们为他竖立了一个纪念碑。

迈尔生于德国科学正在迅速专业化的时期，而他始终是一个科学的业余爱好者。他几乎没有做什么实验研究。他虽有严密的数学头脑，但并不精通数学分析。他的科学风格，他作为科学共同体的局外人的地位,他与学术团体和机构缺乏联系,都妨碍他为有影响的学术刊物和出版社所接受,也妨碍了他的思想和工作为人们所了解和接受。他一生的悲惨遭遇,和他作为业余科学家的身份是有一定联系的。尽管如此,谁也不能否认,他是一位真正的天才。

(作者:范岱年)

麦克斯韦

经典物理学的巨匠，现代物理学的先师

詹姆斯·克拉克·麦克斯韦
(James Clerk Maxwell, 1831—1879)

詹姆斯·克拉克·麦克斯韦，英国 19 世纪伟大的数学物理学家，物理学史上的重要转折人物。他是近代物理学的巨匠，经典物理学大厦的主要完成者之一；他也是以自己的劳作加速了牛顿力学观念框架崩溃的人，是现代物理学的先师。不了解他的工作，就无法理解现代物理学何以能够产生。

无论是作为一个科学家还是一个普通人，麦克斯韦都是一个很有趣味的人。天真与执着、谦逊与自信、犀利与温和、怪诞与机敏，都在他身上得到体现，我们从他身上既可以看到近代自然哲学家的风范，又可以看到现代科学家的气质。他的著述以清晰和有条理著称，但他的言谈和讲课却往往令听众如坠云雾之中，很少有人能明其所云；他极力主张在进行数理推演时，每一步都不能离开物理概念，但他建立的科学理论在他同时代人看来，如同空中楼阁，被指责为"数学游戏"；他是一个受到正统学院教育的数理学家，却同完全不懂抽象数学的法拉第站在一起，反对数理学派流行的超距论观点；他生活在 19 世纪经验主义气氛极为浓厚的英国，但他却是那个时代头脑最清醒、理论思想能力最强的科学家之一。至于他的童年，有人说他学绩平平、性情乖张，也有人说他思维超凡、天才独具。另外，他一生没有发表任何专门的哲学论著，但人们却称他是认识论领域的巨匠，因为他的科学著作和诗文中充满了哲学议论。

本文就对这样一位科学家的生平、贡献、思想、方法及其对后世的影响做一简要评述。

一、青少年时代

1831年6月13日，麦克斯韦出生于英国爱丁堡的克拉克家族。祖辈中有政治家、艺术家和学者。他的父亲约翰·克拉克·麦克斯韦博学多才，兴趣广泛，虽是律师出身，但对科学技术和实用工业十分热心，是爱丁堡皇家学会会员。因此，麦克斯韦从小就有机会随同父亲一道参加皇家学会的集会，受到自然科学方面的熏陶。他的母亲弗朗西斯·凯伊也出自爱丁堡的一个名门望族，识文达理，性格坚毅，是麦克斯韦幼年教育的启蒙者。母亲不仅教他识字，还培养他对各种事物的好奇心，可是母亲的早逝却使少年麦克斯韦在感情上受到沉重打击，甚至长期走不出丧母之痛。

麦克斯韦的幼年生活和童年时光是在苏格兰西南部盖洛韦乡村的格仑奈尔宅院度过的。这里有他父亲从麦克斯韦家族继承来的约1500英亩地产，后来传给了麦克斯韦。同当地村民的孩子在一起戏耍，给他增添了许多童年的欢乐，也使他带上了很重的盖洛韦地方口音。

与牛顿和爱因斯坦一样，麦克斯韦早年在读书识字方面似乎并未显露出过人的才能。8岁丧母之后，曾从一位家庭教师学习两年，结果收效甚微。这绝不意味着他智力迟缓或贪玩厌学，而是因为他固执的性格和奇异的行为方式遮掩了他的聪慧天资，使之不易为常人所察觉。例如：他喜欢对一些事物和现象的原因追根问底；

喜欢画一些奇怪的图画，玩一些奇怪的玩具；与人谈话充满讥刺和嘲讽；等等。可是那位年轻的家庭教师不了解这一点，因而经常与他的学生就拉丁语语法的价值这类问题发生激烈冲突，以至于约翰·麦克斯韦不得不辞退了他。

1841年，麦克斯韦进入爱丁堡中学读书，寄居在姑母家中。因是中途插班，且经常不好好准备功课，所以在头几年里成绩平平；他的孤僻性格和奇特举止，加上浓厚的乡下口音和不合时宜的穿着，更使他经常受到同学们的嘲笑，于是，他很快获得了一个不中听的绰号——"痴汉"。可是几年以后，麦克斯韦的各门功课都有了飞速进步，经常获得奖赏，尤其是在数学、英文诗、拉丁文等方面成绩突出，一跃而成为令人注目的人物。这有麦克斯韦在爱丁堡中学的同学、后来成为好友的泰特的回忆为证：

在学校里，他起初是被人当作怕羞者甚至呆子看待的。他不事交际，逢到偶有的假日，也只是读点古歌谣，画点奇怪的图和做点粗糙的机械模型来消遣。……可是，约莫到了他的学校生活中途，他使他的同伴们惊异了，他突然成为他们中间最有光彩的一个，得了许多奖赏，有时还是数学和英文诗学业成绩的最高奖。

在14岁时，他写出了第一篇科学论文，内容是讨论一种绘制椭圆曲线的新方法。这篇论文后来经爱丁堡大学自然哲学教授福布斯的推荐，在爱丁堡皇家学会会议宣读并登载于该学会会报。据福布斯教授的评价，麦克斯韦的方法比早年笛卡儿提出的方法简单而且更具有一般性。

1847年秋，麦克斯韦以优异成绩毕业于爱丁堡中学，同年11月进入爱丁堡大学学习，有机会师从凯兰学习数学，师从福布斯学习物理学，师从哈密顿学习哲学。哈密顿爵士的精彩讲座曾对麦克斯韦产生深刻影响，培养了他对事物本质进行哲学沉思的偏好，但福布斯的物理学讲座却吸引了他的主要注意力，使之最终成为一个致力于物理学研究的人。福布斯破例允许他自由使用自己的精良仪器从事各种实验活动。在这期间，麦克斯韦又发表了另外两篇科学论文。

在爱丁堡大学的三年，是麦克斯韦全面学习和汲取各种知识和文化营养的时期：既学习了各种理论，也培养了对实验技术的浓厚兴趣；既努力钻研数学、物理学专业知识，也广泛涉猎其他领域，包括文学、美学等人文学科的养料。精深的数理知识和广博的文史哲修养的结合，为麦克斯韦以后的科学创造打下了坚实的基础，也造就了他强调严密、追求完美的学术气质。他后来曾深有体会地谈到，为了深入理解自然科学问题，有必要学习和研究哲学、科学史和美学，对年轻人的教育不能局限于某一专业领域之内。

麦克斯韦曾被家庭希望学习法律，以便子承父业。但他认为，世间最完备的法律，也无过于自然界的定律。福布斯教授也力主麦克斯韦进剑桥大学学习自然科学。父亲经再三斟酌之后，终于在1850年秋送他进了剑桥，专攻数理科学。他先在彼得馆，数月后接受别人的建议转入三一学院，一年后获得三一学院奖学金。他渊博的知识、深刻的理解力和执着的求知精神给他在剑桥的同学们留下了深刻的印象,也引起了著名科学家霍普金斯、数学家斯托克斯、哲学家和科学史学家休厄尔的注意。巴特勒是麦克斯韦在剑桥的同学之一,他这样评价麦克斯韦:

> 他的地位在我们中间是独一无二的。他在大学毕业生中是一个被认为独具天才的人。

霍普金斯也认为,麦克斯韦毫无疑问是他毕生经历中遇到的最杰出的一个人。

麦克斯韦在剑桥除与该校奖学金获得者同桌吃饭,从而有机会与这些富有才智的同学交往外,还被吸收为智力层次更高的学术圈子"使徒俱乐部"的成员。这一团体仅限12名成员组成,在剑桥大学里被认为最有才能的人才可以参加。与麦克斯韦同时代的成员有斯蒂芬、巴特勒和霍特等,后来参加"使徒俱乐部"的还有西奇威克、怀特海、罗素以及凯恩斯这样一些杰出的科学家、哲学家、思想家和经济学家等。与各种不同类型的杰出青年交往,无疑对麦克斯韦的成长产生了深远的影响。在"使徒俱乐部"举办的学术活动中,麦克斯韦先后宣读了十几篇论文,其内容涉及科学、哲学等各个方面,远远超出当时所学课程的范围。从这些论文中,人们不仅可以发现麦克斯韦深沉、持重和有条不紊的一面,也可以发现其敏捷、幽默和怪论迭出的一面,再没有人能感受到他害羞和离群索居的习性。

进入剑桥的第二年,麦克斯韦即开始准备数学荣誉学位考试。他一面跟着导师霍普金斯进行有系统的知识训练和科学研究,一面听斯托克斯的数学讲座。1854年结束学业,在学位考试中以仅次于后来成为优秀数学家的劳思的成绩获得甲等及格者第二名,并与劳思并列获得史密斯奖第一名。有一个事例可以说明当时此类考试的水平如何:在麦克斯韦参加的数学考试中,主考人斯托克斯在题目中第一次公布了著名的有关线面积分的斯托克斯定理,让考生们自行证明。

毕业后,麦克斯韦被选为剑桥三一学院公费研究员,从事色视觉和电磁学方面的研究,还继续为"使徒俱乐部"撰写论文,并为工人业余学校讲授科普知识。1856年,为了照顾病中的父亲,他决定离开剑桥,在离家较近的阿伯丁的马里斯采尔学院申请一个自然哲学教授职位。可是在他到任之前,他的父亲就逝世了。他在马里斯采尔学院工作了四年,1858年与该学院院长的女儿凯瑟琳·玛丽·迪尤尔结婚,婚后未曾生育子女。除了工作,麦克斯韦的主要业余爱好是写诗、骑马、游泳和摆弄陀螺之类的玩具。

二、创立电磁场理论

麦克斯韦从剑桥毕业后不久,即在威廉·汤姆孙鼓励下开始钻研电磁学。他是通过阅读法拉第的电学著作而进入这一领域的。他说过:

在我通读法拉第的《电的实验研究》之前,我决定不读任何关于该学科的数学文献。

事实证明，汤姆孙的建议颇有见地，使麦克斯韦投身于这一大有可为的领域，而首先阅读法拉第的著作则有助于麦克斯韦摆脱数理学家们的某些流行的传统观念的束缚。

19世纪上半叶，电磁学的实验发展与理论研究很不平衡。一方面，实验研究迅速发展，取得了一系列重大突破，如奥斯特于1820年发现了电流的磁效应，法拉第于1831年发现了电磁感应定律，等等。新的实验发现打破了电与磁是孤立现象的传统观念，揭示了它们之间的本质联系。另一方面，电磁学的理论研究却进展缓慢。虽然提出了一些理论假说，如安培的分子环流假说等，建立了一些数学公式，如高斯的静电学数学体系、安培的电动力学计算体系及欧姆的电路计算公式等，但是面对丰富的经验材料和分散的数学定律，人们却无力建立包括电现象和磁现象（更不用说光现象）的统一理论体系。直到19世纪50年代，理论研究的整体局面仍是十分混乱。麦克斯韦在1855年发表的首篇电磁学方面的论文《论法拉第的力线》一开头就对此做了如下评述：

> 电学的现状对理论特别不利。导体表面电的分布定律已由实验分析推导出来；磁学的某些数学理论已被确立，而其他部分尚缺乏实验数据；电流的传导理论和载电导体的相互作用理论已概括为数学公式，但是还没有同该学科的其他部分知识建立联系。除非不仅表明静电和流电之间，

而且表明两种状态下电的作用力和感生效应之间的联系，否则就不可能提出电的理论。

当时，关于电磁学的研究对象及电磁作用方式，存在两种相反的观点。第一种是数理学派的超距论观点，他们信奉牛顿力学的实在观，将其原封不动地移植入电磁学领域，认为电磁作用是电、磁点源在空间中的瞬时、远距离直接作用，这是当时占绝对优势的观点。第二种观点是法拉第的力线观点，认为存在某种连续的、具有物理性质的力线，带电体间相互作用是通过这种力线传递的，是近距、有限的连续作用，力的大小由这种力线的状态而决定。由于法拉第的力线思想缺乏精确性，是一种直观、定性的描述，故为绝大多数科学家所轻视，在欧洲大陆毫无立足之地。英国著名科学家艾里也曾说：

> 我很难想象有一个人，当他知道超距作用的观测与计算的这种一致性，还会在对这种简单而精确的作用与类似于模糊不清而又变动不定的力线这种东西之间进行选择时有丝毫的犹豫。

但是，麦克斯韦却选择了力线思想作为研究的出发点。对此，当时的科学家们感到大感不解，认为这是麦克斯韦的一个"妄念"。其实，麦克斯韦是经过了慎重考虑的。他做此决定是出于下述两个原因。第一，麦克斯韦基于电磁统一性和相互联系的信念，要创立统一、完备的电磁理论，但超距论只注意到点源而忽视了广阔的空间，不能说明电磁作用的具体机制，准确地说是跨越和忽略了这一环节，不利于达到更广泛的"联系概念"。法拉第的力线思想虽然是"不确定和非数学的"，但它正好涉及点源之外的空间，沿此方向前进有可能全面解决电磁学问题。麦克斯韦把法拉第当成一个思想家，他说：

> 一个非常熟悉自然的思想家的推测，有时要比经验论者所发现的实验性定律含有更多的真理成分。尽管并不一定要承认它是物理真理，但我们可以接受它作为新观点，以使我们的数学概念更为清晰。

第二，麦克斯韦出于一种物理直觉或哲学信念，坚信电磁体周围的空间与没有该电磁体存在时的空间必有不同的物理状态。麦克斯韦后来说道：

> 我们不满意基于超距作用假设之上的对于磁极之间的吸引排斥力的解释。尽管我们可以满意现象是严格地与该假说相符合，我们情不自禁地设想在力线存在的每一地点，某种物理状态或作用必定存在，以足够的能量产生实际的现象。

数理学派与法拉第的研究方法也很不相同，前者注重分析，强调精确,追求抽象的数学形式;后者依靠直观现象,试图从总体上把握对象。麦克斯韦认为这两种方法都是需要的,不应当把它们对立起来:

> 因为人的心灵各有其不同的类型,科学的真理也就应该以种种不同的形式出现,不管它是以粗豪的形式和物理说明的生动色彩出现,还是以朴素无华的符号形式出现,它都应该被同样当作是科学的。

法拉第的综合方法抓住了整体,但他的整体思想是"粗豪"的,"当客观复杂性需要时,应当使用分析概念"。数理学派的分析方法首先抓住了部分,但如不确立整体观念,也难以建立完备的理论。于是,麦克斯韦把直观想象与数学方法、整体综合与分析方法结合起来,克服了前人在思想、方法上的偏颇之处,汲取不同学派方法上的长处,寻找到了建立统一理论的突破口。这对于麦克斯韦在短短十年之内,一举廓清电磁学领域的混乱局面,实现物理学的一次大综合,具有至关重要的意义。

麦克斯韦草创电磁理论的历史分为三个阶段,以三篇重要论文为标志。第一篇就是《论法拉第的力线》,主要是运用流体模型来说明力线思想并使之数学化,即力求"将各种已被发现的现象的联系清楚地置于数学心灵之前"。结果证明从力线出发建立的数学定律与持超距作用观点的数理学派的成果完全一致,并不矛盾,这样就使力线思想得到了一个支持,这不仅沟通了法拉第和数理学派对立双方的研究，同时动摇了超距论观念的独霸地位。

1860年，由于马里斯采尔学院与阿伯丁的国王学院合并，麦克斯韦被辞去了教授职务。但不久就接到了伦敦国王学院的任命通知，担任该院的自然哲学和天文学教授，历时五年。这五年是麦克斯韦最富有成果的时期，写出了许多重要的科学论文，其中也包括电磁学方面的另外两篇重要论文。一篇是于1861年年末至1862年年初发表的《论物理的力线》，在这篇文章中，麦克斯韦试图说明电磁作用的具体机制，为此设置了"分子涡旋"机械模型。其中最重要的理论突破是运用类比方法和数学方法提出位移电流假说并得出光的电磁本性的猜测。这一突破否定了超距论观点，为电磁理论的建立打下了重要基础。另一篇论文是1864年发表的《论电磁场的动力学理论》。此时，麦克斯韦已抛弃了一切机械模型，用场概念取代了力线概念，运用数学公理化方法构造了电磁学的完整理论，提出了著名的麦克斯韦方程组，由包含20个物理量的20个方程所组成。他自信地宣称："这些方程足以确定电磁场现象中的一切量。"接着用这些方程讨论了各种电磁现象，做出了许多推论，包括电磁波存在和光电磁统一这两个著名的科学结论。这篇论文的问世，标志着电磁场论的正式创立。他说道：

> 我建议把这个理论叫电磁场理论，因为它是与带电体及磁体周围的空间相关的。它也可以叫动力学理论，因为它假设在这个空间中存在运动的物质，由此产生可以观察到的现象。

在这里，现代意义上的电磁场概念已经呼之欲出了。至于麦克斯韦方程组，因其高超的概括性和优美的形式而成为近现代科学理论表述的光辉典范，受到人们的极高赞誉。

1865 年，麦克斯韦因健康原因辞去了伦敦国王学院的教授职务，回到格仑奈尔老家隐居，专事电磁学的系统整理工作，写成巨著《电磁通论》于 1873 年出版，电磁场理论大厦宣告完工。在该书中，麦克斯韦去掉了建造理论大厦时所用的"脚手架"，以电磁场观念为实在基础，以数学方法为表述语言，概括了到当时为止电磁领域所取得的全部研究成果，完成了近代自然科学的又一次伟大综合。后人称誉《电磁通论》是历史上一人独创纪念碑中之最佳者，而麦克斯韦所建立的场论观念和使用的数学发现方法，更对后世的科学家们产生了巨大影响。

三、开创统计物理新纪元

麦克斯韦正式研究分子运动和统计物理问题开始于 1860 年前后，但是他对这一问题的思考可以追溯到 1855 年。这一年，剑桥第四次亚当斯奖悬赏解决土星光环的组成和稳定性问题。经过几年研究，麦克斯韦发表了《论土星光环的构造的理论》和《论土星光环的运动的稳定性》等论文，从数学上对土星光环的构造和运动进行分析，第一次以数学的严密性否定了历史上关于固体环及液体环的假说，证明土星光环是微小粒子的集合体，而且其质量分布是不均匀的。这一研究结论直到 19 世纪末才获得观察证实。由于这一成就的取得，麦克斯韦于1857年获得了亚当斯奖。

通过对土星光环的研究，麦克斯韦对大量碰撞物体的运动问题发生了兴趣，并试图用概率理论对此进行研究，但由于这一问题过于复杂而暂时放置起来。1857年到1858年，克劳修斯发表了两篇关于气体运动的论文，前一篇给出了关于气体的微观分子运动与宏观气体压强及体积关系公式的经过重大改进的推导，并指出气体分子具有内部自由度；后一篇论文则进一步提出"平均自由程"的概念，解释了气体缓慢扩散现象和分子激烈运动理论结果之间的矛盾。但是，克劳修斯及其他前辈科学家一般都假定气体分子以相同的速度做激烈运动，而且克劳修斯也不能精确确定平均自由程的值，这使分子运动论的进一步发展遇到了障碍。1859年4月，麦克斯韦读到了克劳修斯的论文，受到鼓舞和启发，坚定了用概率理论解释物理过程的信念，同时认识到，从数学上解决分子的实际速度问题是全体动力学深入发展的关键。他从分子的无规则运动出发，得到一个结论：气体分子的无规则碰撞并不导致分子速度平均，而是按照某一统计规律分布，所有速度都会以一定的概率出现。同年9月，麦克斯韦宣读了《气体动力论的说明》一文，次年发表于《哲学杂志》上。该文分三个部分：第一部分讨论完全弹性球的运动和碰撞，第二部分讨论两类以上运动粒子相互扩散的过程，第三部分讨论任何形式的弹性粒子的碰撞。他假定大量弹性粒子相互碰撞过程中，粒子的三个相互垂直的速度分量互相独立地分布，运用概率理论导出了著名的麦克斯韦速度分布率，即速度分解在某一方向上的分量在某一速度区间的粒子数，以及速率在某一速率区间的粒子数的函数表达式。这一定律揭示：虽然分子在碰撞过程中，其速度是不断变化的，但是在热平衡情况下，某一速度区间的粒子数是恒定的，速度的范围从 0 到 ∞（无穷大），但速度极大和极小的粒子数很少。由此分布函数出发，麦克斯韦导出了系统粒子速度平均值和速度平方的平均值；运用上述结果可以研究气体的性质，解释气体的扩散和黏滞性等问题。麦克斯韦的这一工作是开拓性的，奠定了气体统计力学的基础，标志着物理学新纪元的开始。

但是，麦克斯韦在推导速度分布率时假设三个速度分量相互独立地分布，这似乎并不自明，他自己也承认这一点。六年以后，麦克斯韦写了另一篇气体统计理论方面的重要论文《论气体的动力学理论》。此时，他抛弃了关于速度三个分量的分布相互独立的假说，直接从分子的弹性碰撞出发，重新导出了上述分布函数，表明了这一定律是唯一的普遍成立的科学定律。许多年以后，随着分子束实验的发展，麦氏分布律才获得直接的证实。

1878 年至 1879 年，麦克斯韦再一次回到这一领域，写出了另外两篇重要论文，即《论由温度的不等引起的稀薄气体中的应用》和《论玻耳兹曼的质点系能量平均分布定理》。前者研究了气体团中应力通量与热通量等问题，开创了稀薄气体动力学的新领域。后者则包含了一个极其重要的思想，即以确定在任一时刻处于某一给定状态的系统的数目取代单个体系。随着时间的推移，这一思想后来经过吉布斯的继承和推广，发展成为现代统计物理等学科中常用的"系综方法"。

出现于 19 世纪初的概率理论，虽然在 19 世纪中叶已在科学研究和社会统计中得到应用,但是麦克斯韦将其用来描述大量气体粒子的无规则运动的真实物理过程,却是十分新奇而又大胆的尝试。当时,物理学家们大多用牛顿经典力学理论研究分子运动,试图对系统分子运动状态做出精确的描述。麦克斯韦认为,统计规律是气体运动的真实规律,运动概率理论可以完美地描述气体分子的运动。统计观念的确立是近代物理学思想上的一个重要转变,它不仅在近代机械自然观上打开了一个缺口,而且也为后来的量子力学的建立和发展提供了思想武器和方法工具。作为玻耳兹曼和吉布斯的前辈,作为统计物理学主要开创者之一的麦克斯韦,在这一转变中的地位和作用是无可怀疑的。

四、色视觉研究及其他

色视觉领域是麦克斯韦做出过重要贡献的另一科学领域。他对这类问题的兴趣萌发于中学时期,那时,他父亲不仅经常带他参加科学学会的集会,而且还参加艺术学会的集会。D. R. 海耶在艺术学会所做的关于形状美和色彩美的数学解释的报告,给他留下了深刻的印象。进入爱丁堡大学后,麦克斯韦就开始研究和思考颜色的组成和视觉生理学问题,曾在福布斯的实验室进行色混合实验,同福布斯一起利用一只带有可调的扇形色纸的色陀螺,试图获得一些定量的色方程。

1855年,麦克斯韦写了两篇关于色视觉的论文,一篇是给威尔逊(《论色盲》一书的作者)的一封信,后来发表于《皇家苏格兰艺术学会会报》;一篇是题为《关于眼睛看见的颜色的实验以及色盲的评论》的长篇论文。在上述论文中，他具体"描述了一种方法，通过这种方法，每种可见光可以以容许进行精确的色比较的方式显示在人的眼前，表明此种实验为什么是可以进行数量化处理的，并从这些数学结果推出一些视觉定律"。为此，他详细阐述了色陀螺实验装置和工作原理。

色陀螺是从分光原理得到启发而设计的。它是一种由不同颜色的扇形纸拼在可以旋转的圆盘上而制成的装置，当圆盘转动时，就可以呈现出某种均匀的视觉色彩，通过改变色纸颜色及其角度，可以得到任何色彩。例如，用44°胭脂红、22°深蓝、34°艳绿色扇形组合，与用17°白色和83°象牙墨色扇形组合，得到相同的色彩，即有 44° C+22° U+34° EG=17° SW+83° BK。通过实验，麦克斯韦建立了许多定量的色方程，从而创立了色度学这一分支学科，证明了各种颜色都可以由红、绿、紫三种光谱刺激源的混合而生成，所以这三种颜色被称为"三原色"。他还发现，色盲患者们只需要通过两种原色的混合就能得到所有的色感觉。麦克斯韦恢复了托马斯·杨关于色视觉的感受器假说，证实某种感受器的失效是导致色盲的原因。

1856年至1861年间，麦克斯韦先后又发表了好几篇关于色视觉方面的论文，进一步研究了三原色理论和光混合现象。他还设计了"色箱"实验装置，由此研究人眼视网膜处色敏度的变化情况。1861年，麦克斯韦在皇家学会向包括法拉第在内的听众演示了一张三原色彩照片（由麦克斯韦的同事托马斯·萨顿拍摄），这被认为是历史上第一张三原色彩色照片。

自从牛顿和托马斯·杨研究光、色以后，色物理学在英国一直受到极大的尊重，所以麦克斯韦在这方面的研究很快就为科学界所熟悉和接受，这当然也有助于提高麦克斯韦的科学声望。为了表彰麦克斯韦在这方面的贡献，英国皇家学会于1860年授予他拉姆福德奖章。

　　除上述成就外，麦克斯韦还在其他一些领域做出过重要的贡献，下面再对这些方面做一简略介绍。

　　1. 节速器理论

　　在伦敦国王学院从事电阻测量实验时，麦克斯韦曾设计一种用于控制线圈匀速转动的速率调节器。后来他进一步研究了调节器的行为及原理，确定了各种情况下调节器的稳定条件，探讨了自然阻尼效应以及驱动负载变化的效应等问题。他于1868年发表的《论节速器》一文被认为是控制理论的奠基文献，对后来维纳创立现代控制论产生过影响。

　　2. 数学方法

　　麦克斯韦在青年时代就显露出数学方面的才能。在后来的科学生涯中，他的主要兴趣集中在物理学方面，但也提出了一些相关的数学理论和方法。例如，他于1864年发表的《论倒易图形与力的图解》给出了系统研究复杂图形的方法，推导出了一系列有关二维或三维倒易图形性质的普遍定理。他于1867年发表的《论圆纹曲面》等论文展示了其卓越的数学技巧，被认为是19世纪中叶波动几何的最重要的进展。1870年，他又将倒易函数方法推广到连续介质，为此获得爱丁堡皇家学会授予的基思奖章。

3. 热学

麦克斯韦对热力学也做出过重要贡献，他于 1871 年出版的《热的理论》一书，就包含了许多卓越的见解。该书被长期用作大学教科书，到 1894 年止就已再版 11 次。他建立的热力学变量压强、体积、熵及温度与其偏导数之间的"麦克斯韦关系"，组成了热力学中的基本方程。他还指出了热力学第二定律的统计特征，反驳过"热寂说"。他提出的"麦克斯韦妖"假说，吸引了许多科学家对其进行研究。

五、筹建卡文迪许实验室

麦克斯韦在实验方面并没有做出过特别重要的发现，尽管他一生热爱实验并亲自做过许多实验。但是，他主持创建了卡文迪许实验室，并以一个理论家的气质和目光确立了卡文迪许实验室的基本原则和发展方向，因而在实验物理学史上也占有重要的地位。

麦克斯韦在格仑奈尔隐居时期，经常作为剑桥数学学位考试主考人访问剑桥，他主持了 1866 年、1867 年、1869 年和 1870 年的数学学位考试。他把电学、热学等内容引入学位考试中去，积极倡导数学与物理学的结合，主张加强物理实验在物理教学过程中的作用。这一倡导顺应了当时社会工业技术发展的潮流，获得了威廉·汤姆孙等一些科学家的支持，于是在剑桥形成了一场改革物理教学的运动。这场运动的结果是，剑桥大学任命了一个委员会，来审查成立一个新的教学机构的必要性问题。该委员会于 1869 年提出报告，认为有必要设置一个主要从事热学和电磁学教学的物理学教授席位、一个实验示范席位和一个大学实验室。实验室筹建预算为6300英镑,学校一时筹集不到这些资金,只好暂时搁置起来。1870年秋,该校校长——第七世德文郡公爵答应私人赞助这笔款项。1871年2月,大学决定建一个公共物理实验室并积极物色教授人选;几经周折,终于劝说麦克斯韦接受了这个职位,并授命他负责筹建大学的第一个物理实验室,这就是科学史上久负盛名的卡文迪许实验室。

1871年,麦克斯韦结束了乡下的隐居生活,重返剑桥。在此后的几年中,他一面主持实验物理学讲座,一面亲自参与设计和指导实验室的修建。1874年,实验室建成并对公众开放,第一个示范员是加尼特,麦克斯韦则成为这个实验室的首位主任,直到逝世。

到1877年,据麦克斯韦提交给剑桥大学的报告所说,该实验室已经包容了在当时条件下物理学研究的一切仪器设备了,当然其中也有一些是麦克斯韦出资购买的。早期进入该实验室的人员虽然为数不多,但也培养出了像希克斯、夫累铭、尼文和坡印廷这样一些对科学做出过重要贡献的人。

作为实验室的第一位教授,麦克斯韦在1871年的就职演说中对实验室未来的教学方针和研究精神做了精彩的论述。不过,出席这场在科学史上具有重要意义的演说会的只有一二十个学生。有人猜测说是因为麦克斯韦当时对演说是否能取得成功缺乏信心,故而没加张扬地在一个偏僻的地方发表了他的演说词;有人则认为这是麦克斯韦的谦逊以及对恶作剧的某种偏好所致。果然,在他后来开始热学讲座时,J. C. 亚当斯、A. 凯莱、斯托克斯及其他显要人物都把他的首场讲课当成就职演说而争相出席,并坐在前排。但他们听到麦克斯韦用了将近一个小时的时间来讲述华氏温标与摄氏温标的数量关系时,却感到迷惑不解。

在就职演说中,麦克斯韦把实验分为两类:一是示范性实验,目的是通过实验现象的展示,帮助学生确立科学概念并用此概念说明实验现象;二是研究性实验,目的是预备材料以征服新领域,即发现新问题、发展新观念。与私人实验室相比,公共实验室的目的是,要让各种不同观点、不同研究领域的人,熟悉各种不同的方法,在讨论、批评和合作研究中,发展新方法,做出新发现。麦克斯韦驳斥了当时英国传统的"粉笔"物理学,认为这种方法阻碍了物理研究和教学的进一步发展,呼吁加强实验物理学在研究和大学教育中的作用。他说:

> 习惯的钢笔、墨水和纸张这些用具将不再能满足我们的需要了,我们将需要比只提供桌椅的教室更大的空间、比黑板更广的面积……我们所要提供的不仅仅是要普及和培养各种真实的科学原理,而且也要普及和培养健全的批评精神……那种用自做的、常易引起错误的仪器的学生,比那些用仔细调整过因而易于相信它而不至于弄坏它的学生,学得常常要多些。

他还批评了把数学分析和物理实验相脱离的倾向,提倡将二者密切结合起来。他说道:

把数学分析和实验研究联合使用所遇到的物理科学知识，比之一个单纯的实验人员或者单纯的数学家所具有的知识更加坚实、有益而牢固。

可能有一些数学家从事他的研究，完全是为了他自己的其他目的。可是，大多数人想到，数学的主要用途在于解释自然。

这些就是麦克斯韦为卡文迪许实验室规定的基本原则，也是他为后世确立的实验科学精神。

卡文迪许实验室在近现代物理学史上的地位是举世公认的，它不仅奠定了英国实验物理学的研究传统，而且对于近现代国际实验物理学的发展产生了重要的影响。继麦克斯韦之后的历届实验室主任，如瑞利、J. J. 汤姆孙和卢瑟福等都为这个实验室增添了荣光，玻恩、玻尔及许多国际著名的科学家都曾到卡文迪许实验室深造或工作过，因而卡文迪许实验室享有"诺贝尔物理学奖获得者的摇篮"的盛誉。在麦克斯韦诞辰100周年纪念会上，J. J. 汤姆孙在感谢当初的剑桥大学校长德文郡公爵慷慨捐资使卡文迪许实验室得以及时创建时说道：

……无疑地，（剑桥）大学里迟早总会有一个物理实验室，但卡文迪许实验室由它的第一个主任留下来的精神和传授方式可就难有了。

麦克斯韦在剑桥的最后八年的工作是卓有成效的，除了忙于创建实验室的大量事务性工作和开设实验物理学讲座，还出版了《热的理论》(1871)、《电磁通论》(1873)及《物质和运动》(1877)等著作，发表论文50多篇。另外值得一书的是，他自1875年开始花费了大量的时间和精力编辑出版了卡文迪许的科学论文集。卡文迪许生前虽然很少发表科学论文，但是却留下了20札电磁学等方面的论文和实验草稿。麦克斯韦亲手整理和抄写了这些手稿，尤其是重复进行了卡文迪许的许多电磁学实验。该文集于1879年出版，麦克斯韦为它写了一个长篇序言，并做了广泛详尽的注释，其中包含了他的许多精辟见解。正是通过麦克斯韦的工作，人们才知道卡文迪许这位电磁学研究的先驱者的许多重要发现。

六、一个超越时代的人

麦克斯韦一生短促，早在国王学院工作和格仑奈尔隐居时就经常患病，1879年11月5日因患肠癌在剑桥逝世，享年仅48岁，与他母亲死于相同的年龄和相同的疾病。他死后葬于格仑奈尔附近的巴顿教会墓地，身后没有子女。但是他在二十多年的科学生涯中，写了4部著作，发表了100多篇科学论文，其中许多论文都是开创性的。他是历史上少有的能一直保持旺盛的创造热情，同时在好几个领域内不断取得重要进展的自然科学家，而敏锐的洞察力和娴熟的数学处理技巧是他取得这些伟大成就的基本条件。麦克斯韦科学论文集的编者尼文曾这样评价麦克斯韦：

创造和发现的才能，对物理科学的热爱和数学处理的本领，都同等地存在于一个人的心灵里，这是罕见的。

金斯则认为麦克斯韦是：

自牛顿以后世界上最伟大的数学物理学家。

麦克斯韦不仅是一个伟大的研究者，也是一个杰出的战略家。他善于继承前人的成果，却不为传统观念所束缚，能够在不同传统之间保持适当的张力，并开辟新的道路。他是一个理论物理学家，但他清楚地看到"实验称雄的时代还没有过去"，为此他在强调理论综合的重要性的同时，积极倡导改革教学内容，强化实验的作用。他本人主要是作为一个自由的个体研究者，并取得了巨大的成功，但是他却预见到科学发展的新趋势，大声疾呼并实际创制集体研究的新模式。他是那个时代最有能力运用机械模型方法的科学家之一，但他从未被机械观念束缚头脑，总是不忘声明它们"只具有方法上的意义"，"决不代表客体本身"，从而保持科学创造中的思维自由。

众所周知，在康德和黑格尔之后，欧洲出现了科学家抵制哲学的倾向。亥姆霍兹对此做过恰当的描述：

哲学家指责科学家眼界狭窄，科学家反唇相讥，说哲学家发疯了。其结果，科学家开始在某种程度上强调要在自己的工作中扫除一切哲学影响，其中有些科学家，包括最敏锐的科学家，甚至对整个哲学都加以非难，不但说哲学无用，而且说哲学是有害的梦幻。

麦克斯韦正生活在这一时期，但是他从来没有对哲学表示轻蔑，相反，他认为有必要研究哲学和科学史。在 1870 年的大英协会数学和物理学分会的一次讲演中，麦克斯韦说道：

> 对我们来说，仅仅说出我们自己时代的精神，仅知道同时代思维的特征，就要预言将来科学的一般规律，同要预料将取得的特殊发现一样是不可能的。

谈到那些远离直观的科学问题时，他又说道：

> 谁将引导我们进入那些更为隐秘和暗淡的领域呢？……通向它的道路不正是经过了撒满着先前探索者的遗物而为每一个科学家所憎恶的形而上学的洞穴吗？

现代物理学乃至整个科学技术和社会文明，都从麦克斯韦那里受惠良多。但是，正如传记作家埃弗里特所说，麦克斯韦"并未享有他所应当享有的盛名"。造成这一事实的原因是：麦克斯韦的科学思想和科学方法，从总体上说远远超越了他那个时代，以至于在他生前直至死后相当长一个时期内未为人们所理解。正当人们于19世纪末期开始理解和接受他的工作时,物理学革命的巨浪很快卷了过来,于是人们又一股脑儿地去追逐新的浪潮了。

关于麦克斯韦对后世物理学思想的影响,克劳瑟也有过极好的评述:

> 麦克斯韦的最伟大的贡献是凭着自己对于那个时代的科学思维方式的精通所获得的声望与实力,为未来科学研究指明了方向。……他的电磁学理论通向相对论;他的气体动力学理论对量子论起过作用;他在就职演说中为卡文迪许实验室所制定的工作规划和方法纲领,则引导了实验原子物理。

在新的科技革命迅速发展的今天,回顾麦克斯韦的成长道路和创造经历,研究他的科学思想和科学方法,我们仍然可以从中获得很多教益和启迪。

(本文在写作过程中曾得到史丹先生、许良英先生和潘撷先生的指点,在此表示感谢。)

(作者:赵定涛)

赫兹

杰出的物理学家和敏锐的思想家

海因里希·鲁道夫·赫兹
(Heinrich Rudolf Hertz, 1857—1894)

20世纪科学技术的发展可谓突飞猛进、日新月异。但从科学发展的源流来看，不仅电磁学理论的创立与完备要归功于19世纪，相对论、量子力学也早已萌发于19世纪。这一切都与领导当时科学潮流的德国科学家群体密不可分。而本文的主人公赫兹则与欧姆、亥姆霍兹、基尔霍夫、玻耳兹曼等一起并称为19世纪德国物理学界的五大巨星。他以自己高超的理论水平和天才的实验技能活跃于当时的电磁学、阴极射线、X射线、光电效应等研究领域的最前沿，为物理学的发展做出了不朽的贡献。假如他能活到20世纪，早期诺贝尔物理学奖获得者中必将有他的伟大名字。正如著名物理学家洛伦兹在其1902年的诺贝尔奖演讲中所指出的那样：

在麦克斯韦之后，我提名德国伟大的物理学家赫兹（麦克斯韦理论的奠基者之一），如果不是疾病过早夺去了他的生命，他必定是皇家科学院最先考虑的获奖者之一。

而德国科学家所特有的哲学气质，又使得赫兹的科学研究体现出深刻的哲学意蕴，特别是他的《力学原理》，堪称科学哲学的经典。因此，认真研究赫兹的丰富而深刻的科学及哲学思想，不仅对于我们的科学工作者、哲学工作者及教育工作者有着重要的启发意义，而且对于加强素质教育、培植科学精神同样具有重要的现实意义。

一、天才的成长历程

1857年2月22日，赫兹出生于德国汉堡的一个有着犹太血统的富裕家庭。父亲 G. F. 赫兹是一名律师，并出任市议员。

6岁时，赫兹进入当地一所要求特别严格的私立小学学习，在母亲的热切关注下，他的学习一直在班上名列前茅。星期天他用于在职业学校学习作图，速写和绘画显示了他的艺术天才，但他对音乐兴趣不大（这与亥姆霍兹、爱因斯坦、普朗克形成鲜明对比）。幼时，赫兹已表现出极强的动手能力，少年时代就利用自己的工作台和车床自制了许多木工工具以及灵敏电流计等物理仪器。这种极强的动手能力在他的整个科学生涯中发挥了非常重要的作用。在现代语言和古典语言方面，赫兹也有着特殊的天赋。15岁时，赫兹进入当地一所高级中学学习，其希腊语是班上最好的，与此同时，他还学习了阿拉伯语。

1875年，中学毕业的赫兹来到法兰克福准备以工程为业，并在当地建工局工作了一年，同时为工程考试积极做准备。一年的兵役之后，他进入慕尼黑工学院学习。1877年转入慕尼黑大学，由此转向了自然科学的学习。因为在他看来，工程意味着商业、数据和公式，这种职业并不合自己的兴趣；另外，尽管工学院有很好的实验室和实际工作导向的课程，但慕尼黑大学则提供了一个无止境的研究生涯，这正适合赫兹理想中的学者风格和立志为科学真理而献身的宏大志向。

在慕尼黑大学的第一学期，赫兹认真学习了数学，并在导师冯约利的指导下，深入研读了拉格朗日、拉普拉斯以及泊松的著作，从而使自己的数学水平大为提高。但他认为，椭圆函数及数学的新分支过于抽象，因而对物理学不可能有什么用处。尽管赫兹认为自然界这部大书是用数学语言写成的，但在学生时代及此后的研究生涯中，他主要还是感兴趣于物理学问题，而非纯数学问题。

19世纪后期的德国，典型的物理学家必须在实验和数学两方面都有很深的造诣。于是，第二学期，赫兹进行了大量实验工作，当然，这对于自幼动手能力就特强的赫兹来说并不困难。一年的学习，初步造就了赫兹作为物理学家的气质和才能。

1878年，赫兹来到柏林大学，在名师亥姆霍兹和基尔霍夫的指导下学习，这对他的终身事业产生了决定性的影响。当时，电磁学的理论问题是包括亥姆霍兹在内的科学家所关注的重大问题之一。在奥斯特发现电流的磁效应和法拉第发现电磁感应定律之后很长一段时间内，人们总是力图从力学观点去解释电磁现象并仿照力学去建立电磁理论，从而造成电磁学领域中韦伯理论、诺伊曼理论等多种理论并存的混乱局面。亥姆霍兹把电磁学的这种状况称作"无路的荒原"，他比任何一位物理学家都更多地思考着电磁学的基本原理，旨在为这一无路的荒原指出一条高度统一的光明大道。为此，除自己的深入研究外，亥姆霍兹还针对一些关键问题设立奖项，以激起更多学生对这一领域的兴趣。1878年，为论证运动电荷是否有惯性质量而设立的奖项就是其中之一。刚到柏林的赫兹为这一问题所吸引，决心为之而努力。亥姆霍兹极力支持赫兹的想法，特地为他提供了专门的实验室和专题文献指导，并时刻关注着工作的进展。1879 年 1 月，赫兹仅用了三个月就成功地解决了这一问题，并获得了嘉奖。作为该项研究的成果，《关于电流之动能上限的实验研究》一文于 1880 年发表于《物理学年刊》。随后，亥姆霍兹继续鼓励赫兹去争取另一项更有价值的大奖。它是亥姆霍兹通过柏林科学院以题为"用实验建立电磁力和绝缘体介质的极化间的关系"而设立的。该论题基于以下三个基本假设：（1）如果位移电流存在，必定会产生磁效应；（2）极化电流与自由电流具有同样的电磁效应；（3）在空气和真空中发生的行为与电介质中发生的行为相同。稍后，亥姆霍兹感到其中的第三个问题太难，于是把它从悬奖项目中取消了。显然，该论题的关键在于非闭合电路的情况。赫兹通过对当时的各种电磁理论的分析，已经认识到麦克斯韦理论是更可取的，不过这时他仍是从超距作用观点看问题。起初，赫兹准备以该论题作为自己的博士论题，但认真分析之后发现，该项研究要费时三年，并且结果尚难预料。于是他暂时放下这一问题（九年后的 1888 年他才回过头来解决了），选择了"旋转球体的感生效应"作为自己的博士论题。1880 年年初，他就出色地完成了自己的学位论文，论文中的逻辑推理和数学分析展示了他一流数学物理学家的才能。

亥姆霍兹慧眼识才，随即把赫兹留在自己身边作为助手，并加以精心培养。在柏林大学的三年中，赫兹就电磁学、极化放电和阴极射线等前沿领域进行了开创性研究。

三年的助手工作之后，赫兹想得到一个正规的职位，而按德国大学的等级制度，第一步应先成为编外讲师。他不想在柏林大学实现这一目标，因为那里的编外讲师太多了。恰在这一时期，数学物理学在德国开始被看作一个独立的学科。吉尔大学正需要一位这方面的编外讲师。于是，在基尔霍夫的推荐下，赫兹去了吉尔大学。他在吉尔大学的讲课非常成功，第二学期就有50人来选课。但令他不满意的是吉尔大学没有物理实验室，由此给研究工作带来了许多不利影响。在吉尔大学的两年，他只发表了三篇纯理论性论文，其中一篇是关于气象学的，一篇是关于电磁单位的，最重要的一篇是关于麦克斯韦电动力学的。此外，他还深入研究了费希纳、康德及马赫等人的著作。1885年，吉尔大学准备晋升赫兹为副教授，但他不愿获得一个纯理论物理学家的职位。正在此时，卡尔斯鲁厄工业大学准备给予赫兹物理学教授职位。考虑到该大学有较好的物理研究所，于是他便来到了卡尔斯鲁厄工业大学。起初，赫兹在卡尔斯鲁厄工业大学感到有些孤独，并对自己未来的研究没有把握。但在随后的时间里，赫兹完成了两件人生大事。1886年7月，在经过三个月的求婚之后，赫兹与一位同事的女儿伊丽莎白·多尔完婚。随后，赫兹着手并最终完成了那个给他带来世界性声誉的电磁波实验。

1888年9月，吉森大学试图把赫兹从卡尔斯鲁厄工业大学聘到自己学校，但普鲁士文化部要求赫兹拒聘，并考虑让他去柏林接替基尔霍夫。但赫兹不愿再回柏林。他认为自己才31岁就走上这一重要位置似乎太年轻，会过快地离开自己的研究工作。另外，他认为自己还不是柏林所期待的那种数学物理学家。亥姆霍兹非常希望赫兹到柏林工作，但他很理解赫兹，并且也不愿影响他的选择。12月，文化部在波恩大学为赫兹提供了物理学教授职位，赫兹愉快地接受这一委任，并于1889年春天来到波恩，继任了著名物理学家克劳修斯的职位。这样，年仅32岁的赫兹就担任了一般人要到晚年才能得到的职位。比之于在卡尔斯鲁厄，赫兹在波恩不需那么多时间用于教学，可以有更多的时间用于研究，并且还有闵可夫斯基、勒纳德作为自己的助手。在波恩期间，赫兹除继续电磁理论和阴极射线的研究外，主要进行了力学的纯理论性研究，旨在赋予力学以绝对的明晰性。鉴于这一研究的历史背景是力学自然观与电磁自然观激烈争论的前夕，因而它不仅体现着赫兹深刻的科学美学思想，而且具有更深层的哲学意义。

壮志未酬，1894年1月1日，年仅36岁的赫兹因病逝世。作为科学家，尽管他的生命非常短暂，但他在科学事业中的贡献却令世人赞叹不已。

二、从阴极射线到电磁波，再到电动力学

1880年开始，赫兹作为亥姆霍兹的助手留在柏林大学。尽管他感到繁杂的管理工作是乏味的，却也为自己的研究提供了条件。在这里的三年中，由于其工作领域的多样性，要对赫兹的工作给以简单的概括是困难的。除了电磁感应和电磁质量、弹性体理论、液体蒸发方面的研究，他特别在极化放电、阴极射线这些前沿领域进行了大量探索。当时，大家并不清楚阴极射线是波还是粒子流。赫兹利用金箔、银箔做了大量有关阴极射线的穿透能力实验，并用磁场

使阴极射线发生了偏转，但用电场时却没有成功（因为他当时所用的真空管的真空性能相当差）。于是，赫兹就在1883年有关阴极射线的两篇论文中指出：阴极射线并不像许多人所认为的那样是带电粒子流，而是一种波或受扰动的以太被气体吸收时的一种效应。但赫兹利用衍射光栅所进行的实验也未能证明阴极射线是一种波。此后，赫兹便把主要精力转向电磁学研究。直到1891年才再次回到阴极射线的研究，这时勒纳德正做赫兹的助手，他紧紧抓住阴极射线穿透金属箔这一特性并按着赫兹的指导，于1892年成功地用带有铅箔窗的真空管使阴极射线透出管外，从而使在放电管外进行不受内部静电干扰的阴极射线实验成为可能。此后，带有"勒纳德窗"的阴极射线管在许多演示实验中颇受人们重视，但阴极射线的本性仍未真正阐明。1905年，勒纳德由于"对阴极射线的研究工作"而获得诺贝尔奖。J. J. 汤姆孙则因在"气体导电性的理论和实验方面的研究"，特别是对电子的荷质比的测定而获1906年度诺贝尔奖。而伦琴正是1895年反复试做有关阴极射线的赫兹、勒纳德实验时，发现了X射线。在这些领域，赫兹无疑是位杰出的先驱者，但他的更为重大的科学贡献还在于电磁波的发现。

电磁学研究是赫兹整个科学生涯的最重要课题。继学生时代的研究之后，1881年他相继发表了题为《论运动导体的表面电荷分布》及《运动电荷的动能上限》两篇论文。1884年，赫兹对麦克斯韦学说进行了深入的理论性研究，以便在当时相互竞争的理论中做出正确选择。他证明，麦克斯韦方程与当时已有的其他理论的物理假设都是相容的，而其他理论则没有这种优势。显然，麦克斯韦理论是更可取的。但囿于超距作用学说，赫兹对于麦克斯韦的场论观点的正确性并无把握。

1885 年，赫兹在卡尔斯鲁厄工业大学物理实验室里幸运地找到了一些黎斯感应线圈，从而为他解决亥姆霍兹于 1879 年提出的悬奖项目创造了条件。这种感应线圈有初、次两级，若给初级线圈输入一个脉动电流，螺线管就会产生电磁振荡，次级线圈就受到感应，在其放电环路的间隙便有火花产生。赫兹敏感地认识到，既然初级线圈中的振荡电流能激起次级线圈产生电火花，它便应具有使介质产生位移电流的能力。根据麦克斯韦理论，这种位移电流也应是振荡的，并会反过来影响次级线圈，使它产生的电火花有明显的强弱变化。赫兹经过反复实验和不断调整初级线圈的位置和方向，成功地显示了一个开放电路的感应作用。1887 年，利用自制的"感应平衡器"，赫兹进一步证实了麦克斯韦关于位移电流的预言，并获得了柏林科学院八年前的悬奖。在这一实验中，赫兹还特别为初级电路的火花对次级电路的火花强度的影响所吸引，先后在初级火花和次级火花之间插入 60 多种不同的物质进行了长达半年的反复研究。他断言这种效应——光电效应是紫外线的作用所致，这对于揭示光与电之间的联系具有重要的理论意义。然而，赫兹没有再继续这方面的研究，因为它与检验麦克斯韦理论的物理假设这一最初目标不相一致。

1888 年，在已有实验的基础上，赫兹进一步认识到麦克斯韦理论的关键在于它假定电磁波在空间以有限的速度传播，而这正是以新的方式重新提出了亥姆霍兹在 1879 年的悬奖中所取消的第三个内容。

赫兹知道，1871年亥姆霍兹曾试图通过发射和吸收间的时间差测定电磁感应在空气中的传播速度，其结果是40英里/秒，此时他并不知道斐兹杰惹和洛奇等人关于电磁波理论和实验的研究。1888年年初，赫兹利用非闭合电路与一个感应线圈相连这一装置产生了电磁波，并利用一个简单的非闭合回路在卡尔斯鲁厄演讲大厅的不同位置测得了电磁波的波长，利用这一数值和谐振子的振动频率，他得出了电磁波的速度。此后，赫兹继续就电磁波与光波间的类似做了大量实验。通过电磁波穿过沥青棱柱及其他实验，他证明电磁波完全按照光的反射、衍射和干涉理论进行反射、衍射和干涉，由此证明了电磁波与光波的统一性。赫兹认为，这是全部研究过程中最令人激动的时刻。亥姆霍兹把这一成果看作19世纪最伟大的物理学发现，是赫兹非凡的理论洞察力和高超的实验能力相结合的产物。此后，马可尼等人通过对赫兹实验的进一步发展和改进设备，促成了今天世界范围内的无线电通信。

赫兹的天才成果很快就受到了科学界的高度评价和广泛赞誉。从1888年到1891年，短短四年内他先后获得了意大利科学家协会的马特乌奇奖章、巴黎科学院的拉卡兹奖、维也纳帝国科学院的大树奖、英国皇家学会的拉姆福德奖章和都灵皇家科学院的布雷萨奖，并被选为多个科学院的院士。就如洛伦兹所言，假如他能活到20世纪，必定会成为最早获得诺贝尔物理学奖的科学家之一。

赫兹的工作有力地确定了麦克斯韦理论在电磁学中的地位，使得原先持超距作用观点的许多物理学家很快转向这一理论。然而，麦克斯韦理论的意义是什么这一令人苦恼的问题仍未得到解决。

1890年，在两篇论文中，赫兹着手使内容上完善的麦克斯韦理论在形式上更加完美。其中一篇讨论了静止物体的电动力学，为了得到近距作用理论，赫兹从基本方程中消除了矢势，同时取消了麦克斯韦对自由以太中的极化作用和电作用所做的区分，最终得到了关于电场强度 E 和磁场强度 H 间的对称方程，从而使麦克斯韦理论更加清晰和易于掌握。

第二篇论文中，赫兹讨论了运动体的电动力学。他认为，要讨论这一问题，首先必须弄清以太是否随物体而动，因为以太是否存在及其特性已成了当时物理学的核心问题之一。正如赫兹1889年在海德堡所做的关于电磁学的讲演中指出的那样：从现在起，以太将是物理学中最基本的问题，这一问题的理解将阐明像电、引力和质量等重要问题的本性。此外，恰当的以太物理学将把"力"这一模糊概念排除于物理学的基本概念之外。这一思想在他的《力学原理》中得到了进一步发展。

麦克斯韦理论的正确性得以确立，但亥姆霍兹提出的统一电磁学的纲领并未真正实现。众所周知，19世纪的最后四分之一时间里，包括亥姆霍兹、赫兹在内的许多德国物理学家特别关注物理学的统一，他们把力学看作这一统一的最终基础。当时热力学的许多研究就是围绕它的力学基础而进行的。像热力学一样，一旦电动力学的基本原理得以确定，统一问题便迎刃而解，因此，赫兹转向了对力学基础的研究，以便确定整个物理学统一纲领的牢固基础。他认为，已有的力学原理不能描述以太中的接触作用过程，因而必须从那些能为包括电动力学在内的整个物理学提供力学基础的原理出发重建力学。这便是赫兹写作《力学原理》的内在动因,是他的科学美学思想及德国科学家特有的理性精神的集中体现。

三、《力学原理》:科学哲学的经典

19世纪末,电磁学和热力学的成功导致人们对牛顿力学的核心地位产生了怀疑。前者不借助牛顿力学而统一了电磁现象,由此促成了电磁自然观的产生;后者的成功同样导致了牛顿力学威望的下降及唯能论的产生。在这种背景下,力学成了关注的焦点。除了马赫的力学批判,基尔霍夫等人的力学研究也对赫兹产生了很大影响,特别值得指出的是,亥姆霍兹的工作对赫兹具有决定性的影响。19世纪80年代以后,亥姆霍兹就在一系列论文中指出:一个包含牛顿运动定律又假设了哈密顿原理的力学系统,可以用来解释一切物理现象,他还试图以最小作用量原理统一整个物理学。赫兹被亥姆霍兹这种统一性思想深深吸引,并把这些研究看作当时物理学的最前沿。亥姆霍兹基于隐质量的单周期系统的研究,构建了热力学第二定律的一种力学类比,这又为赫兹设置没有"力"概念的力学理论指明了方向。在这种背景下,赫兹着手对力学进行深入的剖析,以便弄清力学的逻辑和哲学头绪,进而为实现统一物理学的伟大目标奠定一个坚实的基础。赫兹的《力学原理》就是这一研究的结晶,其中包含的丰富而深刻的科学与哲学思想,对现代科学及哲学的发展产生了重大的影响。正如亥姆霍兹在该书的序言中所说:

赫兹不仅在逻辑思维上高度敏锐和清晰，而且是一位具有敏锐观察力的非凡天才……在我的学生中，赫兹是最能深刻地领悟我的科学思想的人。在我看来，正是他最有把握地进一步继承并发展我的研究工作。……他的《力学原理》是一部最具创造性并以最完美的数学形式表达的合乎逻辑的力学体系。对于每一位能鉴赏本书的读者来说，它都将具有极大的价值，未来将证明本书对揭示自然力的新的普遍本性有着重大启发价值。

《力学原理》除一篇哲学性导言外，全书以经典欧氏几何的风格写成。在它的两大部分中，第一部分属康德意义上的先天综合判断，其内容有赖于我们的思维形式的必然性，重点对作为力学体系的先决条件的基本概念、范畴以及已有的力学理论进行深入的分析批判；第二部分的内容依赖于我们的经验，探讨了时间、空间形式及范畴的经验使用。

导言中，赫兹首先就认识的真理性这一重大哲学问题提出了新的观点。按照亥姆霍兹的符号论思想，赫兹认为，物理学的命题不过是由我们关于事物的符号联结而成的一个整体系统，它构建了现实的图像或模型，但本身既无义务也无能力揭示自然现象的内在本质。关于这些图像与自然界的相符程度，我们只能做出一种简单的断言，即它们在逻辑上可导出的结论与经验观察到的、我们为之设计出图像的现象的结果是否一致。换言之，理论作为自然现象的图像必须在实践中证明其有效性。为此,我们采取的步骤是:"设计出关于外部客体的图像或符号,并赋予它们以形式,以使得这些图像在思维中的必然结果本质上就是这些图像所描画的外物的必然结果的图像。为了满足这一要求,在自然界和我们的思维之间必定存在一种确定的一致性。经验告诉我们,这一要求是可以满足的,因而这种一致性事实上是存在的。对于我们的目的来说,图像与外物不必在任何其他方面相一致。事实上,我们不知道,也无法知道,除了上述这个基本方面,我们关于事物的概念与事物本身是否还有其他方面的一致性。"

在阐述了物理学理论的图像说之后,赫兹随之提出了选择图像的三个基本要求:(1)逻辑上无矛盾性,即同样的一些外物可能会有不同的图式,但只有那些与我们的思维规律不矛盾的图式才是可取的;(2)图像必须是正确的,即理论表示的结构必须与外物间关系的结构相一致,否则图像就是错误的;(3)恰当性,即同一个物体系统的不同图像中,能描述物体系统的更多的本质关系的图像是恰当的(简单的)。显然,选择理论(图式)的这些标准中,第一个依赖于我们思维的本性,第二个有赖于外部世界,第三个则有赖于我们约定的符号系统。

依照这三个标准,赫兹对已有的牛顿力学、哈密顿力学进行了深入的分析批判,目的在于从这些本身既无逻辑矛盾而内容上又正确的理论中,找出或重新构造出一个更恰当的力学理论。

在赫兹看来,力学中的动能和势能(力)二元论总是一个不解之谜。一方面我们有物质的惯性特性,另一方面又有"力"作为我们解释可见现象而假设的存在于事物背后的不可见的东西。惯性是物质的内禀性质,它使物体沿直线运动,但它不能归于更简单的东西。因此,动能是由质量的运动引起的,但没有类似的解释可用于"力"(势能),以致每当面对"力"的本性这一问题时,我们总感到无所适从。他认为,"牛顿本人也必定感到了这种令人苦恼的情景"。

赫兹还指出,哈密顿力学中的"能量"概念也是意义不清的,没有外界实体与之对应,它与任何可感的东西都不相似,因而也应从基本概念中排除出去,放到次要地位。对此,爱因斯坦也有同感,正如他在《自述》中所说:"最后我还想指出,把能量划分为本质上不同的两部分,即动能和势能,必须被认为是不自然的。赫兹对此深感不安,以致在他最后的著作中曾企图把力学从势能概念(即从力的概念)中解放出来。"

于是,在赫兹的力学中,时间、空间、质量这三个概念就成了基本概念,它们都与经验相联系。除此之外,赫兹还引入了亥姆霍兹曾提出的隐质量概念作为补充,而势能(力)则源于隐质量的隐运动,正如不可见的分子的运动导致了宏观热力学系统的可见行为一样。也就是说,势能起源于动能。此后,赫兹提出了力学的最高原理——最直路径原理(或最小曲率原理):任何自由系统均保持其静止或沿最直轨道匀速运动的状态。根据这一原理,平直空间中受力物体的运动就等价于弯曲空间中自由物体的运动,从而使动力学问题变成了运动学问题,这正是广义相对论的基本思想。赫兹认为,基于时间、空间、质量和最直路径原理,就可以建立起理想的力学语言,而牛顿力学、拉格朗日力学、哈密顿力学等不同的理论都可作为派生的东西从新的力学中演绎出来。

赫兹力学所富有的建设性、逻辑性、普遍性及统一性目标受到包括亥姆霍兹在内的许多科学家和科学哲学家的高度赞赏，但其实用性却不那么令人满意。也就是说，它优美，但似乎没有实用价值。对此，亥姆霍兹也指出：赫兹力学没有提供把假定的隐质量机制用于真实力学问题的范例，它的应用可能是困难的。它只是为未来的研究提供了有重要启发价值的创造性纲领。在今天看来，尽管《力学原理》的重要价值仍未被广泛地认识到，但它在某些富有洞察力的思想大师那里，确实已经发挥了重要作用。这方面仅从维特根斯坦哲学和爱因斯坦广义相对论的创立就可略见一斑。

众所周知，只有牛顿与赫兹是维特根斯坦前期哲学的重要著作《逻辑哲学论》两次提及的科学家。正是在这一著作中，维特根斯坦进一步发展了赫兹在《力学原理》导言中所提出的物理学理论的"图式说"观点，把赫兹的科学理论批判扩展为一般的语言批判。他要探究的是语言与世界的关系，也即语言如何是可能的这样一个更广泛的问题。在维特根斯坦看来，我们说各种各样的语言，由于其中一些讲的是世界的确实情况，因而便与世界有了确实的联系。那么，这种联系是怎样的呢？正如亥姆霍兹、赫兹认为有效的科学理论与外物间的关系系统有一种同构性一样，维特根斯坦则在作为世界的本体论系统与作为命题形式的逻辑系统间进行了对应的比较研究，从而提出了自己的语言图式说，即"命题是现实的图像，命题是我们所设想的现实的模型"。另外，赫兹的目标在于排除"力""能"这些他认为是空洞的概念，由此建立理想的力学语言，这种方法也为维特根斯坦所接受并用于语言批判。在维特根斯坦看来，语言的意义就是它所指称的那个对象，理想语言的建立必须按照"一个物体一个符号"的规则进行，只有这样才能保证命题中所包含的名称与被描绘的现实所包含的对象间有一一对应的关系。再加上命题与现实间必须共有的逻辑形式，便构成了命题成为现实的图像应具备的两个条件。

然而，我们不能不看到维特根斯坦对赫兹力学的片面理解，他忽视了赫兹对于理论内容的正确性的重视，片面强调了命题的形式结构，认为逻辑形式具有决定意义，从而导致形式与内容的割裂，把赫兹那里的"共有的数学关系"或"同构性"发展成了一种具有神秘色彩的"逻辑形式"。此外，他要建构的理想语言也不那么实用。事实上，日常语言中有许多语词并无真实的外物与之对应，我们也能同样准确地理解。这一点实际上已暗含在《力学原理》中。赫兹认为，尽管牛顿力学和哈密顿力学所用的基本概念及表述方式不同，但它们都描绘了同一个经典力学世界，从而意味着在命题与事态之间并非必须共有唯一的逻辑形式。只要内容正确，同一事态可以有不同的命题图像，并且科学理论都具有一定的约定成分，其中可以包括像"力""能量"等一些无外界指称物与之对应的概念作为其基本概念。"即使力只是我们引入自然界的，我们并不能由此而认为这一引入是不恰当的，一开始我们就确信，非本质的关系不可能在我们的图像中完全避免，我们所要求的只是这种关系要尽可能地受到限制，并且使用它们时要特别谨慎。"与赫兹的这些观点相一致的是，后期维特根斯坦放弃了先前的语言图像说，转向了语言的"工具论"观点。

可以说，对赫兹力学的这种重新理解，是促成维特根斯坦哲学转向的重要因素之一，并且这种影响已经通过维特根斯坦直接或间接地渗透到了现代西方哲学的历史发展之中。

就物理学的范围而论，尽管赫兹的力学理论没有得到广泛的发展，但它对广义相对论和量子力学的创立却产生了重要影响（虽然广义相对论源于不同的考虑和不同的发展路线）。还在苏黎世工业大学学习时，爱因斯坦就认真研读了基尔霍夫、亥姆霍兹和赫兹等人的著作，并且在自己的著作中多次提到赫兹的电磁学研究和力学批判的重要意义。赫兹建立没有"力"的力学的基本精神，为爱因斯坦、薛定谔所继承与发扬。广义相对论正是以类似于《力学原理》的方式把万有引力这一自然界的最基本力的作用代之以空间弯曲，从而为赫兹的没有"力"的力学提供了重要例证。爱因斯坦与赫兹之间所存在的深刻的思想联系，为薛定谔所关注，并于1918年写成了重要手稿《赫兹力学与爱因斯坦的万有引力理论》。

在手稿的第一部分，薛定谔首先概述了从赫兹的《力学原理》到广义相对论创立这一阶段的历史发展。为了更深刻地理解万有引力的本性，他认为有必要深入探讨赫兹的没有"力"的力学与广义相对论间思想上的一致性。正如该文中所说：

> 借助赫兹力学和爱因斯坦引力理论间的明显联系，我不得不指出这一事实的重要性，即在这两种理论中，"力"都以同样的数学符号，即位置坐标微分的平方式的黎曼-

克里斯托费尔三指标符号来表示。

正如赫兹的没有势能的力学系统的运动一样,在广义相对论中,引力就是空－时本身的弯曲,世界线弯曲的程度意味着引力场的强度。由此,引力场就被几何化了。粒子在引力场中的运动,也像自由粒子的运动一样,是沿着短程线发生的。太阳使空－时弯曲,所以行星的世界线都是弯曲的。在这两种理论中,运动方程都是通过路径(测地线)而获得解决的,唯一的差别在于:赫兹力学中,位形空间的黎曼曲率是由加于系统的隐运动的动力学条件所产生的;而在广义相对论中,物理空－时流形的黎曼结构是世界的几何的内在特性。

此后,薛定谔进一步探讨了赫兹力学与爱因斯坦引力理论间的数学联系,并通过对力学的最小作用量原理和光学的费马原理的对比研究,建立了力学－光学类比,从而为1926年波动力学的创立奠定了思想基础。

四、英才早逝 甘泉先竭

早在卡尔斯鲁厄时期,赫兹就开始受到牙病的折磨。1888年年初,赫兹做了牙科手术,但病情并无根本好转。1892年,病情进一步恶化,他不得不因鼻子、喉咙的剧痛而停止富有创造性的实验工作,但仍顽强地坚持力学理论的研究。1893年12月,《力学原理》的绝大部分手稿已经完成。1894年1月1日,年仅36岁的赫兹与世长辞,留下了妻子和两个女儿乔安娜和玛蒂尔德,几十年后的

1937年,她们逃离纳粹德国而移居英国剑桥。

作为一位杰出的物理学家和敏锐的思想家,赫兹的科学成就和人品受到广泛的赞誉。以下是一些同代和后代科学家对他的评价。

亥姆霍兹在为《力学原理》所做的序言中怀着极其沉痛的心情写道:

> 凡是认为人类的进步取决于人类智慧的最大限度的发展、取决于才智战胜情感和大自然的力量的人,一定都为失去这个才智非凡的天才而陷入极大的悲痛之中。他以自己非凡的智力和个性,在其一生中(可惜这一生是如此短暂)取得了丰硕的成果,这些成果是本世纪很多最有天赋的探索者都为之奋斗而未能取得的。在旧的古典时代,他会被说成是上帝嫉妒的牺牲品。自然界和命运以特殊的方式偏爱人类的智慧,授予人类一个具有解决科学中最困难问题的特殊天赋的人——一个不仅在逻辑思维上高度敏锐和高度清晰,而且能够密切地注意观察那些容易被忽视的现象的有非凡才智的人。缺乏经验的人往往因为不注意那些易被忽视的现象而错过它们,但对一双经验丰富的眼睛来说,将给我们指出洞悉自然秘密的正确道路。
>
> …………
>
> 赫兹通过他的研究,在科学家当中赢得了持久的声望。他的工作使人们对他的记忆永存,了解他的人不会忘记他那谦逊的品质,他热情地承认别人的劳动以及他对老师们

的真正尊敬。对他来说，他只追求真理；他以全部精力热情地工作和奉献，没有丝毫的个人主义痕迹。

1894年1月6日，玻耳兹曼在给亥姆霍兹的信中指出：

在寻找一种对自然界的整体性理解时，赫兹的发现具有十分重要的意义。毫无疑问，他已为未来的研究指明了唯一正确的方向。

爱因斯坦在谈到19、20世纪之交人类自然观的重大变革时指出，尽管麦克斯韦和赫兹"都始终坚信力学是物理学的可靠基础，而我们在回顾中可以公道地把他们看成是动摇了以力学作为一切物理学思想的最终基础这一信念的人"。

一个人的价值不在于他占有多少，而在于他奉献多少。在科学技术高度发展的今天，只要一提起电磁波，人们自然而然就会记起赫兹这个名字。无线电、交流电等振荡频率单位，也以"赫兹"命名，所以在很多电器和其他产品的说明书中都能看到"赫"这个字眼。青史留名，就是对那些有伟大贡献人物的褒奖。

(作者：许　良)

洛伦兹

把经典物理学推上最后高度的人

亨德里克·安东·洛伦兹

(Hendrik Antoon Lorentz, 1853—1928)

在19、20世纪之交，H. A. 洛伦兹被各国的理论物理学家尊为领袖人物，这是有充分理由的。然而，年青一代的物理学家通常对 H. A. 洛伦兹在形成理论物理学基本原理方面所起的决定作用，不再有足够认识了。这种奇怪事实的原因在于，他们已经如此完全地吸收了洛伦兹的基本思想，以致难以认识到这些思想的高度勇敢和它们带入物理学科学基础中的简明性。

——A. 爱因斯坦

凡是学过物理学的人都知道有一个洛伦兹公式，只要提到"洛伦兹力"，我们眼前就会出现这样的图像：电子在磁场中运动时受到一个垂直于磁场强度和电子运动方向的力。历史上常有这样的事情，一个理论越是简洁，就越使人们忽视这个理论是怎样从一种混沌的局面中产生出来的。洛伦兹电子论就是其中一例。洛伦兹电子论的广泛内容及其对现代物理学的诞生所起的作用，多年来都是物理学史工作者的一个重要课题。洛伦兹在历史上的重要作用，在于他把经典物理学推上了最后的高度，在物理学家们面前展示出物理学革命的必然性。

一、阿纳姆的奇才

1853 年 7 月 18 日,洛伦兹出生于荷兰的阿纳姆。他的父亲是 G. F. 洛伦兹,他的母亲雅可白在洛伦兹 4 岁时就去世了。1862 年,洛伦兹的父亲与卢贝塔·胡布克斯结婚。在他印象中,继母和他们的感情更深,因此洛伦兹后来给他的长女也取了"卢贝塔"这个名字。

洛伦兹在 6 岁时开始在地方小学上学。他的成绩总是名列前茅,为此,他父亲又让他进入当地一所夜校辅以青年人的教育。该校只有一名教员给学生传授各方面的基本知识,但会时常聘请校外人员讲授一些专门知识。洛伦兹在校长兼教员的蒂默先生帮助下,9 岁时就学会了使用对数表。

洛伦兹具有惊人的记忆能力和外语才能。他的记忆能力不是天生的,而是锤炼出来的。洛伦兹从少年时代起就酷爱阅读外文小说特别是外国名著,如英国狄更斯的小说,德国歌德和席勒的名著,以及法国哲学家伏尔泰的著作,等等。他特别喜爱狄更斯,长篇背记他的著作,以至他后来所写的英文文章都浸透着狄更斯的风格。他熟练地掌握了英文、法文和德文,使他能够克服地区偏狭的局限,保证他后来较早地进入物理学前沿。也正是这种原因,他前半生虽然在偏僻的莱顿从事研究,在学术上却未与世隔绝。

二、由"智力原始森林"到"智力大解放"

1870 年,洛伦兹通过政府考试进入莱顿大学,在那里主攻数学和物理学。当时莱顿大学著名理论天文学教授凯泽，经他的学生斯塔特介绍，得知洛伦兹是位出类拔萃的青年，遂与洛伦兹结识，把他引为家中常客，对他极为器重。由于洛伦兹的出现，凯泽教授决定恢复多年停开的理论天文学课程。

洛伦兹只用了一年半的时间就学完了大学的所有课程，并以优异成绩通过了学位考试。1871年11月，洛伦兹进行学位论文答辩时，一件没料到的事情发生了。他的分析几何教授万·吉尔先生对他既感到满意，却又表露出一些失望的情绪。自洛伦兹上学以来，他还从未尝试过这种滋味。莫非自己的论文有所失？答辩结束后他才知道，这位先生认为他进行的不是学士学位答辩，而是博士学位答辩，希望他一举获得博士。当然，洛伦兹的答辩还有点儿差距。从此以后，他就暗下决心：争取早日获得莱顿大学理学博士学位。

1872年2月，洛伦兹回到家乡阿纳姆，一边在当地公立夜校执教，一边积极准备博士论文。他间或做些电学实验，试图证明电磁波的存在，但由于实验条件简陋而未能达到目的。要知道，这比赫兹实验证明电磁波存在（1888）早十六年，就连电磁波的预言者麦克斯韦也还没有策动物理学家去证明他的预言。在这期间，麦克斯韦的电磁场理论经过德国物理学家亥姆霍兹的翻译和推介，已逐渐为欧洲大陆的物理学家们所接受，洛伦兹对麦克斯韦理论的了解主要是通过阅读麦克斯韦的《论法拉第的力线》（1855—1856）、《论物理的力线》（1861—1862）和《论电磁场的动力学理论》（1864）三篇论文和专著《电磁通论》（1873）获得的。麦克斯韦的电磁学理论在当时一些电学家看来实在是一个非常深奥的理论，而年仅20岁的洛伦兹通过阅读原著就掌握了这个理论的精髓,并最先进行了电磁波实验。根据他当时在公立夜校的同事米凯利斯博士回忆,他当时不仅知道怎样去揭示尚未发现的东西,而且也知道他所发现的事实可以用什么理论来加以解释。米凯利斯说:

> 洛伦兹相信存在电磁波,并试图通过莱顿瓶放电的研究来发现关于它们的一些知识。有时候他认为他发现了什么,但第二天他就会说他所发现的也可用老的理论加以解释。他没有成功的原因是仪器的缺陷。

1875年12月11日,洛伦兹以题为《论光的反射和折射》的论文,通过了博士学位答辩。光的反射和折射公式,最初是由法国物理学家、19世纪光波动理论奠基人菲涅耳提出的,后来麦克斯韦想从电磁学方面推导菲涅耳公式,未能成功,而洛伦兹在这篇论文中给予了完美的推导,现代教科书上关于菲涅耳公式的电磁学推导方法正是出自洛伦兹这篇论文。

洛伦兹的学生时代,是经典电磁学理论迅速发展的时代。麦克斯韦在1861年提出了位移电流的概念并预言电磁波的存在,他在1864年完整地建立起以介质的邻接作用为基础的电磁场数学理论,形成了一个与德国物理学家诺伊曼、韦伯和克劳修斯的超距电动力学不相容的电磁学体系。麦克斯韦最先从理论上证明了电磁波与光波的同一性,对欧洲大陆的超距论电动力学学派产生了巨大震动。但是,他的深奥的数学方法和令人难以琢磨的位移电流的概念,使许多想直接深入探究他的理论的人都失败了,就连英国大电学家威廉·汤姆孙对他提出的位移电流也始终持有保留态度。洛伦兹后来的学生埃伦费斯特把麦克斯韦的理论称为"无法深入其无限宝藏的智力原始森林",可见要接受这个理论的困难。当时欧洲大陆物理学家一般是从亥姆霍兹的理论入手来间接接受麦克斯韦的思想的,用实验证明电磁波存在的赫兹就是其中一位。他在描述这个历史状况时说:

> 曾热衷于麦克斯韦理论的许多人,即便不曾为罕见的数学困难所压倒,但终究被迫放弃了使自己的思想与麦克斯韦的思想一致的希望。虽然我对麦克斯韦的数学思想最为崇拜,但我并不总是觉得我非常确切地把握了他的理论的物理意义。因此对我来说,用麦克斯韦的书来直接指导我的实验是不可能的,我是通过亥姆霍兹的著作得到指导的。

麦克斯韦理论的特点是,只强调场的作用,而忽视产生电磁场的源(电荷、磁极和电流)。这就使人们似乎觉得他的电磁场来自无穷远的地方,因此人们就称他的理论为"无源场论"。与此相反,欧洲大陆电动力学体系的电磁学理论只强调电荷、磁极或电流的相互作用,它们的相互作用是沿直线传播的,这种作用的传递既是超越空间的,也不需要时间,其根本的弱点在于缺乏对空间或介质(即作为动力学实体的场)的考虑,因此这个理论被称为超距论电动力学，或俗称为"源论"。

洛伦兹综观这两大理论的优缺点，发现它们并非完全互不相容，只要适当地综合这两种理论，就可使电磁学产生质的飞跃。这种综合是在场论基础上的综合（洛伦兹多少偏爱于场论），因此，他第一步是要对麦克斯韦电磁场理论进行合理的修正。在麦克斯韦理论中，以太不但是电磁场的载体，而且也是产生极化的实体。为了满足这个要求，电磁场的场度（E、H）和极化的程度（即电磁场通量 D、H）在不同介质的交界面上都应当是连续的。由于这种原因，麦克斯韦不能解释光的反射和折射。洛伦兹在他的博士论文中明确区分了以太和介质的作用，规定以太只能是场的载体，极化只能在物质中产生，从而发现电磁场的强度在不同介质交界面上只有切向分量连续，而极化量只有法向分量连续，进而推导出了菲涅耳的反射和折射公式。洛伦兹这种做法在历史上被称为"分离以太和物质"。我们在下面将会知道，电子论就是在"分离以太和物质"的过程中萌发出来的。

1877 年，荷兰的乌得勒支大学想聘请洛伦兹为数学教授，他拒绝了，却到莱顿中学当了一名物理教员。因为莱顿大学教授们曾给他保证，只要他暂时担任莱顿中学的教师，就会把他提拔为莱顿大学的物理学讲师。正值此时，荷兰高等教育部颁布了新的高等教育法，要求将由黎克教授所主持的莱顿大学物理学教席一分为二，一是实验物理学教授席位，另一个是理论物理学教授席位。莱顿大学原打算聘请洛伦兹在大学的同学范德瓦耳斯就任理论物理学教授，但由于范德瓦耳斯决定前往阿姆斯特丹工作，莱顿大学就改聘洛伦兹。1878年1月25日,洛伦兹登上了荷兰唯一的理论物理学教授席位,当时他才25岁。

洛伦兹上任后的第一项研究就是要解决麦克斯韦不能解决的光色散问题。他在1878年发表的《关于光的传播速度和介质的密度及成分之间的关系》一文中,从介质极化和入射光频率的关系找到了光色散的本质。他假设以太(场)和物质的联系是通过受激电粒子的振荡来实现的。在没有物质的以太中,光的行为完全符合麦克斯韦方程组的要求,光遇到物质时,就激发出物质中带电粒子的受迫振荡,从而产生新的光波,与入射光波发生干涉,使入射光的速度变慢,并改变它的方向。由于介质的极化强度一方面决定于介质的性质(单位体积内能够产生电偶的数目),另一方面又决定于入射光的频率,所以介质的极化率同时决定于入射光频率和介质中电粒子密度。对于同一介质来说,它的大小取决于入射光的频率。洛伦兹就这样解决了麦克斯韦理论中介质折射率是波长的函数而极化率与波长无关的矛盾,从而完美地解释了光色散现象。

洛伦兹在1878年发表的这篇论文的精髓在于,它将以太和物质进一步区分开来,同时又用电粒子的振荡将二者从物理上联系起来,在麦克斯韦的无源场论中引入了"源"——电子。爱因斯坦在《创造者洛伦兹及其人格》一文中这样说道:

洛伦兹的智力解放就从这里开始了。……洛伦兹建立起涉及包括动体电动力学在内的当时所知的所有电磁学现象的全部理论的基础。这是一项十分清晰的逻辑一致的完美的工作，像这样的工作在以经验为基础的科学中还极少获得过成功……

这里反映出洛伦兹善于使用假说，因为他提出的电粒子的概念即是十九年后发现的电子。在当时，即使原子论已在化学中占有相当地位，但还没有任何人在物理领域涉及原子，电子则更不可思议。美国科学史家克罗斯兰在他主编的《西欧科学的出现》一书中曾经指出：原子论之所以不能最先在法国产生，是因为法国的化学传统受到实证主义的束缚。这个传统是从拉瓦锡开始的，他反对假说，主张根据可观察的事实来解释化学。例如，他把用一切化学手段都无法再行分解的物质定义为元素，元素如数学中的数一样基本，不可能由更基本的东西构成。从这个角度来看，洛伦兹身上具有最少的实证主义的痕迹。正是这个原因，他在电子被发现之前就建立起了电子论。当然，我们也要看到，洛伦兹过于依赖假说，使他后来不能接受庞加莱的相对性原理而走到了另一个极端。

三、登上科学殿堂

从 1878 年到 1892 年的将近十五年中，洛伦兹平均每年发表一篇论文。他一方面努力探寻经典物理学所能达到的极限，为完善他的电子论做好充分的准备；另一方面又要维护经典物理学的力学框架——以太，但却受到了实验事实的无情挑战。

在洛伦兹看来，以太是一个古老的问题，却又是一个从未得到完美解释的问题。它虽然虚无缥缈，但物理学缺少了它又寸步难行。惠更斯早已假设以太是光波的载体，以太像气体粒子一样，无处不有，光的传播正如声在空气中传播一样，引起以太粒子密度疏密有序的变化。他得出结论：光波是纵波。然而，他的理论不能解释他所发现的冰晶石的双折射现象。菲涅耳在1821年大胆地抛弃了惠更斯的气体似的以太，提出了弹性固体以太假说。他认为以太像弹性固体一样可以产生切变，从而假定光是横波，解释了双折射现象。但是，他又假设，以太与通常的固体不同，它可以"穿过"物质，物质中也存在以太。如果透明物体中不含有以太，光何以通过物体？他认为物质的折射率不同，是它们所含以太的密度不同。这就要求物体在运动时部分地曳引以太，以保证物质中以太的密度高于周围空间以太的密度；物质的折射率越大，它所带着走的以太就越多。这就是历史上著名的"以太部分曳引"假说。后来，斯托克斯提出另一种假说，他认为以太是不可能穿过物体的，物体的运动将带着（或推着）以太一起运动，以太不是静止的。这就是19世纪著名的"以太运动论"。麦克斯韦反对斯托克斯的观点，但也不同意菲涅耳假说。他认为，以太是绝对静止的，是一切物体运动的绝对参考框架，物体在以太中运动，以太穿过物体而丝毫不受影响，因此物体中以太的密度与周围空间以太的密度相同。这就是19世纪鼎鼎有名的"以太静止论"。

对于19世纪这三种以太假说，洛伦兹认为菲涅耳的观点最可取，其次是麦克斯韦的"以太静止论"，他最反对斯托克斯的"以太运动论"。

光在流水中的速度与水的流动无关，而仅决定于水的折射率，这在现在已成为一条公理。可是，在 19 世纪哪怕最聪明的物理学家也不敢这样率直地推出这个结论，因为在他们看来，光速是针对以太这个参照系而言的，就像脱膛而出的子弹的速度相对枪管而言那样，一旦枪是架在飞机上，子弹相对于飞行中的飞机的速度就不等于相对于大地的速度。菲涅耳的理论就是建立在这种以伽利略变换为基础、以以太为绝对参考框架的思想之上的。在他看来，既然水能部分拖动以太，那么光在水流中的速度就不简单等于光在真空中的速度除以水的折射率，而应当加上一个 $\pm\left(1-\dfrac{1}{n^2}\right)u$ 的因子。这里的 $\left(1-\dfrac{1}{n^2}\right)$ 就是菲涅耳拖动系数，n 为折射率，u 为水流速度。斐索在 1851 年用实验证明了菲涅耳的假说。这无疑对洛伦兹产生了深刻影响。

"以太风"曾经是历史上很重要的名词和概念。麦克斯韦认为以太绝对静止，地球在以太中运动必然会招致"以太风"。"以太风"横扫地球，以至穿过我们的实验室，虽然人类感官无法察觉，但"以太风"必然要在地球上产生光学或电磁学效应。然而，截至麦克斯韦时代，谁也未能观察到这类效应。麦克斯韦在 1879 年去世前为《不列颠百科全书》（第九版第八卷）所写的"以太"条目，反映出他临终前对于观测静止以太的迫不及待又十分失望的心情。他这样写道：

……所有从地球上实验使用的确定光速的可行方法，

都决定于从一站到另一站往返来回的双程所需时间的测量。由于地球对于以太的相对速度等于地球在其轨道上的速度，〔它引起的〕时间的增量只是光〔的绝对〕传播时间的一亿分之一，因此是很难观测到的。

这"一亿分之一"是什么意思呢？若在地球上沿地球运动方向设立两点 A 和 B，光在 A 和 B 之间来回时间等于 $\frac{2L}{c}$，L 为 A 和 B 之间的距离。这是我们的认识。但是，麦克斯韦认为，在地球上观察到的光速不再是 c，而是 $(c+v)$ 和 $(c-v)$，其正、负号视地球运动方向与光的方向而定，此处 v 为地球速度。因此，光在两点之间来回的时间不等于 $\frac{2L}{c}$，而是 $\frac{L}{(c+v)} + \frac{L}{(c-v)} = \frac{2L}{c} \cdot \frac{1}{1-v^2/c^2}$。显然，麦克斯韦所求得的时间长于我们的时间，其因子（v^2/c^2）正好是"一亿分之一。"

1879 年 3 月 19 日，麦克斯韦给美国航海年鉴局的托德写信询问当时对木卫食的观测方法是否已经达到测量精度高达一亿分之一的程度。这封信引起了美国年轻物理学家迈克耳孙极大的兴趣，他决心寻找技术途径来观测"以太风"效应。他通过光干涉原理了解到，两束相干光的光程差只要有几分之一波长的变化就足以引起干涉条纹的位移，从而就能探查"以太风"。1881 年，他在亥姆霍兹实验室利用贝尔提供的 100 镑经费设计出"迈克耳孙干涉仪"。他带着这台干涉仪到波茨坦物理天文观测台进行了第一次测量"以太风"的实验。然而，他未能观测到干涉条纹的明显位移。这个实验实际上是对以太的否定，但是对于当时的物理学家来说，否认以太就等于否定了物理学的基础，迈克耳孙也不例外，所以他认为自己的实验所取得的结论是"失败的"。迈克耳孙1881年的实验让洛伦兹感到十分震惊。

1886年，迈克耳孙和莫雷在美国重复做了斐索实验，测得菲涅耳拖动系数 $\left(1-\dfrac{1}{n^2}\right)$ =0.434。但是，这种实验却与迈克耳孙1881年的实验相冲突，因为1881年的实验似乎证明地球完全拖动以太，而这个实验却表明地球的运动只部分拖动了以太。

洛伦兹坚持认为，迈克耳孙和莫雷在1886年的实验是正确的，而迈克耳孙在1881年的实验与传统的经验事实相违。他对菲涅耳拖动系数进行了理论计算，再次肯定了菲涅耳所计算的结果 $\left(1-\dfrac{1}{n^2}\right)$ =0.438。他由此判断，迈克耳孙在1881年的思想准备不充分，因为他的出发点是证明以太绝对静止，而实际上以太有一半被拖动了。所以，只要迈克耳孙观测到干涉条纹位移量达到根据麦克斯韦理论计算的位移量的一半，就能保证菲涅耳的假说。瑞利曾写信给迈克耳孙，要求他密切注意洛伦兹的解释。1887年3月6日，迈克耳孙给瑞利的回信上说："洛伦兹的纠正无疑是正确的……你的信再次激起了我的热情，迫使我决定立即开始工作。"

迈克耳孙和莫雷在1887年4月重新开始用迈克耳孙干涉仪来观测"以太风"效应。他们把干涉仪的精度提高了一个数量级，按照菲涅耳的以太被部分拖动的假说，在实验中应当观测干涉条纹有 0.4 个条纹的位移量，而他们在四个月的观测中均未发现这样大的位移，他们所测得的位移的平均值才 0.01 个条纹。这使洛伦兹大为失望，他在 1892 年 8 月 18 日给瑞利的信上说：

> 我以极大的兴趣读完你的来信……菲涅耳的假说，连同他的系数 $\left(1-\dfrac{1}{n^2}\right)$，如果不是因为迈克耳孙干涉实验的话，可以用来说明所有被观察的现象……我很难排除这个矛盾。但是，我相信如果我们要放弃菲涅耳的理论，我们则根本没有合适的理论，斯托克斯先生强加于运动以太的条件是互相不协调的。

迈克耳孙－莫雷实验第一次深刻暴露出经典物理学的局限，而它的深刻意义直到爱因斯坦创立狭义相对论以后才逐步显示出来。开尔文在 1900 年 4 月 27 日于英国皇家研究院讲演时所提出的"19 世纪的两朵乌云"，其中一朵就是指这个实验与经典物理学所观察的事实之间的冲突。既然曾被斐索所证明的菲涅耳假说又被迈克耳孙－莫雷光干涉实验所证伪，洛伦兹对以太的看法不能不有所改变。不过，他的观点的改变不是革命的，而是修正的。在 1905 年以前，他所做的一切理论研究都是要维护以太这个绝对参考框架。

四、提出长度收缩假说和对应态定理

1892年至1904年,是洛伦兹一生最丰产又最有意义的年代。他在这段时间内将经典电子论完整地创立起来,把经典电磁学发展到了最后阶段,从正、反两个方面为相对论的诞生创造了条件。他对理论物理学的影响,不仅是用他的理论,而且也通过对年青一代物理学家的培养。他十分乐意同前来莱顿拜访他的青年人交谈,他的思想是有影响力的,但他从不干涉年轻人所选择的方向,也不去鼓励什么学派,总是与他们保持着亲密和崇高的关系。爱因斯坦就是他们当中的一位。爱因斯坦说过,在他的一生中洛伦兹对他的影响是深刻的。

1892年,洛伦兹发表了《麦克斯韦电磁学理论及其对运动物体的应用》一文。这篇论文标志着洛伦兹电子论的诞生,洛伦兹力公式就是在这篇论文中提出的。洛伦兹电子论的主要贡献是在麦克斯韦无源电磁场中加入了源的成分,他用电子将物质和场联系了起来,将场论和超距论两大体系中的合理部分综合了起来。1896年,洛伦兹就用他的电子论正确解释了塞曼效应。他指出,钠蒸气的光谱线在磁场中分裂为三条精细的光谱线,每一条光谱线定量地反映出电子振荡的状态。他进而根据拉莫尔进动频率计算出电子的荷质比是氢离子的荷质比的一千倍。他因这项工作与塞曼分享了1902年诺贝尔物理学奖金。洛伦兹的这项发现在 J. J. 汤姆孙测量电子荷质比之前。虽然我们将 J. J. 汤姆孙测量电子荷质比的1897年定为电子发现的一年,但我们应当把洛伦兹的这项工作放在更为突出的地位。尽管洛伦兹当时并没有看到电子,而 J. J. 汤姆孙实际上也没有看到电子,因为他是用统计平均的方法来观察电子的,但没有具体跟踪到某一个电子。

洛伦兹创立电子论只是他在 1892 年以后所进行工作的一部分,他在这以后所从事的另一项重要研究是解释迈克耳孙－莫雷实验,并由此建立了著名的洛伦兹变换。

1892 年 11 月,他发表了《论地球对以太的相对运动》一文。他在这篇论文中提出了长度收缩假说:物体在运动方向上的长度收缩了,收缩的长度为 $L_0(1-v^2/2c^2)$。后来,他在 1895 年又给出了更精确的收缩公式 $L = L_0\sqrt{1-v^2/c^2}$。英国物理学家斐兹杰惹也提出了长度收缩假说,后人就把它统一称为"洛伦兹－斐兹杰惹收缩假说"。洛伦兹用长度收缩假说来解释迈克耳孙－莫雷干涉实验为什么不产生条纹变化。粗略地说来,洛伦兹的解释是这样的:由于地球相对于以太运动,光在地球上来回的时间应比固定在以太参照系上两点间的光的来回的时间长;但由于同样的距离放在地球上后其长度会缩短,因此我们在地球上还是观测不到时间的增长。这样,我们就无法通过光干涉的方法来看到"以太风"效应。

与此同时,洛伦兹又提出了"地方时"的概念和对应态定理。洛伦兹的"地方时"是指,在运动坐标系上测得的时间,不同于所谓的绝对时间(即在绝对参考系上测得的时间)或牛顿时间。洛伦兹的对应态定理是说:在相对于以太这个绝对参照系做匀速直线运动的坐标上,麦克斯韦电磁场方程组的形式不变,电磁场的参量

(E、H、D、B)不变。他用这个定理来解释"以太风"的一阶效应,也就是说,我们在地球上观察到的反射和折射现象,与在绝对参照系上观察到的完全相同。而他的长度收缩假说是用来解释为什么在地球上观察不到地球运动速度相对于光速的二阶(v^2/c^2)效应,即用来解释像迈克耳孙-莫雷干涉实验的一类现象。这样一来,洛伦兹似乎对给予建立在以太基础上的理论的证伪进行了再批判,继续巩固了经典物理学赖以建立的以太这个绝对框架。

接着,洛伦兹在 1899 年的《运动系统中的电学和光学现象的简化理论》和 1904 年的《在以小于光速的运动系统中的电磁现象》两篇论文中,结合伽利略变换提出了洛伦兹变换的最后形式,并给出了横向和纵向电磁质量的公式,批判了机械论,建立起电磁自然观。

由于洛伦兹变换与狭义相对论变换在形式上的某些相似,在很长的时间内有不少人误认为洛伦兹的理论属于相对论。其实,二者是有明显而又严格的区别的。这些区别主要在于:(1)洛伦兹的理论是在麦克斯韦理论的框架上发展起来的"构造性"理论,而爱因斯坦狭义相对论是建立在相对性原理基础上的"原理性"理论。(2)爱因斯坦的时空变换是可倒易的,而洛伦兹变换是不可倒易的。也就是说,在爱因斯坦狭义相对论中没有一个绝对参照系,而洛伦兹理论中有这样的参照系。(3)爱因斯坦认为长度收缩并非真实存在,而是人为选择参照系所造成的测量结果。洛伦兹认为长度收缩肯定存在,是由分子力造成的。

即便当时一些十分著名的物理学家,对于这两个理论的区别也不完全了解，有的人甚至把洛伦兹的理论放在狭义相对论的高度来评价。例如，埃伦费斯特在一篇题为《光以太假说的危机》的论文中把洛伦兹的理论和爱因斯坦理论当作相互竞争的理论，认为这两个理论在当时都还未得到实验的证明。

实际上，洛伦兹与庞加莱也还有很大的差别。庞加莱并不接纳洛伦兹那种堆积假说的研究方法。庞加莱站在哲学的高度，批评洛伦兹一会儿使用对应态定理来解释为什么观察不到"以太风"的一阶效应，一会儿使用长度收缩假说来解释二阶效应。他早已相信，不可能用任何实验方法（力学的、光学的、电学的）来证明地球的绝对运动。他在1895年最先指出：

> 实验已经揭示了许多事实，这些事实可以总结为如下陈述：不可能探出物质的绝对运动，或者说有质物质对于以太的相对运动；我们所能展示的一切，是有质物质相对于有质物质的运动。

1900年，他就把这条陈述称为"相对运动原理"，1904年改称为"相对性原理"。如果没有综观全局的哲学头脑，是做不到这一点的。据洛伦兹的女婿德哈斯回忆，洛伦兹是不问哲学的人，他从经验主义出发认为人类的能力无法超越自然，他只希望把自己投入到人类精神能够解决的深刻科学问题中。由于这种原因，洛伦兹不可能提出相对性原理，但也正是由于具有这种脚踏实地的精神，他才为经典物理学做了如此多的补救工作。

五、由隐居学者到理论物理学共同体的领袖

在 1900 年以前,洛伦兹是位隐士,基本上不与外界接触,他通晓多国文字,无须外出获取信息,也不愿意接受外来的激励和帮助,他所需要的是连续安定的环境,需要潜心研读。当有轨电车和汽车在纽约、伦敦、巴黎和柏林街头出现时,莱顿还是座静悄悄的小城市,那里没有吵吵嚷嚷的人群,他觉得单调的马蹄声倒也挺符合他的思维节拍。他没见过麦克斯韦,也未能见到赫兹。他不是拒绝社交,而是努力避免过早地进入学术共同体,避免卷入学派之争,以放眼于各种相互竞争的理论。他信守的一条格言是:在尚未深入现象本质之前宣布某一理论途径是唯一的做法是危险的,各种理论途径如原子论、超距论、场论等都不应偏废,只有通过多种方法的比较和综合,才能找到解释自然的最简单原理。在他隐居研究时曾有这样一个趣事,他的孩子有一天在街上见到一位陌生的外国人,回家后就问他是否知道此人。洛伦兹说:我不知道,但愿他不是物理学家。

洛伦兹直到 1897 年才认识到参加学术交流的重要性,这年他应玻耳兹曼的邀请,去为德国自然科学家杜塞尔多夫会议致辞,他在那里第一次见到了伦琴等人。1900 年,他被邀请参加在巴黎举行的"物理学国际会议"。可以说,这是第一次理论物理学的国际会议,整个 19 世纪理论物理学在国际范围内的活动还是个空白。洛伦兹在这个会议上做了《论最近发现的磁致旋光现象》的学术报告,阐发了一些与塞曼效应相关的磁光理论。1905 年,他又出席了法兰西物

理学会的年会，做了《热力学和运动论》的报告；他在巴黎认识了庞加莱、布里渊、居里夫妇、朗之万和皮兰等人。1906年春，他得到哥伦比亚大学邀请，到美国做了第一次学术访问。美国是他向往的地方，不独因为迈克耳孙和莫雷在那里工作，还因为那里曾诞生过一位电学大师富兰克林，更因为那里是现代电气技术的发祥地。美国在几乎没有自己的基础理论情况下，借助于西欧的理论发展起了自己的技术，那里发明家辈出：爱迪生、贝尔、格雷……还有刚刚崭露头角的从南斯拉夫移居美国的发明家、哥伦比亚大学教授浦品。浦品因发明电讯电缆的抗畸变的电感线圈而蜚声世界，是这次邀请洛伦兹访美的东道主之一。

洛伦兹访美回国后，慕尼黑大学聘请他前去执教，他出于爱国心毅然拒绝了。要知道，洛伦兹这时在莱顿大学的教学任务还很重。他除了担任自己的分内课程，还要代替身体欠佳的昂纳斯给医学系学生上物理课程。莱顿大学为了减轻他的负担，任命了第三名教授，他就是昂纳斯的学生库厄仑。与此同时，莱顿大学还专为他建了一个小实验室，配置仪器，配备了助手。该实验室后来改名为"昂纳斯实验室"。根据卢贝塔的回忆，洛伦兹这时虽然不时做做实验，但只是用于消遣，因为他的主要精力放在经典物理学和现代物理学的矛盾问题上面。

洛伦兹一生横跨了两个世纪，经历了两个截然不同的时代。在他出生时还没有任何迹象表明电气工业革命会在三十年后产生，当时在荷兰唯一可见到的电气技术只不过是悬吊在广场高塔上的电弧灯，就连后来建立起的英格兰-荷兰电报电缆，他也还没有享用过。

历史决定了他只能走理论物理学的道路,当他成为国际理论物理学当然的领袖人物后,他就更没有时间过问电气技术了。不过,工业家却找上门来。比利时著名工业家索尔维邀请洛伦兹牵头组织一个国际物理学和化学会议,他十分乐意为此效劳。在他领导下,第一届国际理论物理学会议——"索尔维会议"于 1911 年在布鲁塞尔召开,他主持了会议。后来,他一直连任各届索尔维会议主席,直到他去世的前一年——1927 年。

洛伦兹之所以成为国际上公认的理论物理学共同体的领袖,除了因为他的理论和思想对新、老物理学两大体系产生巨大影响,还由于他具有博大的胸怀和高尚的品格。对此,爱因斯坦做出这样的评价:

> 如果我们的年轻人曾知道 H. A. 洛伦兹简直像一位伟大的泰斗的话,我们对他的崇敬和景仰就会早已别具一格……在我看来,他在人品上比我在一生历程中所遇到的所有其他的人,都更具有意义。正如他掌握物理学和数学结构那样,他同样自在又完全安详地掌握他自己。他那丝毫没有人类弱点的气质从未给他的同事造成一种压抑的影响。每个人感到他优越,但没有人因此感到压抑。因为他虽然对人类本质和人的关系有敏锐的观察,但他对它却完全有一副慈悲善良的心肠。他的影响不曾是统治的影响,而总是一种服务的和助人的影响。

洛伦兹又是一位维护世界和平的热诚战士，他反对在国际学术领域施行任何强权政治。第一次世界大战爆发前夕，荷兰已笼罩着战争的阴云，他却参加了反战的"荷兰正义与和平协会"。他在1913年1月发表的一篇文章中这样说道：

> 这的确是肯定的，参加需要最大努力的严肃的共同工作可以转变人们的认识，使他们起来反对将能量耗散在不必要的摩擦中。

1923年，洛伦兹参加了"智力合作国际委员会"，并接替法国哲学家柏格森担任该委员会主席。在第一次世界大战后，政治严重冲击了物理学界，当时许多国际性科学组织极力排斥德、奥成员。这种情况在美国特别严重。那个时候，美国想发展原子科学，但他们却又不愿意邀请朗德、泡利、海森伯和索末菲这样一批人，就连爱因斯坦也几乎被拒之门外。洛伦兹在1909年至1921年间担任荷兰皇家科学与文学院院长时，利用自己的影响和地位动员本国科学家参加由协约国重组的战后国际学术组织，同时又积极主张废除排斥战败国科学家的一切不合理条款。1925年，他在布鲁塞尔召开的国际研究委员会第三次大会上宣读了他和塞曼等五人合写的公开信，严正指出与战败国科学家的合作是刻不容缓的任务。经过他的努力，国际研究委员会在1926年最后撤销了禁止前同盟国（指德、奥）科学家参加活动的条款。德国的魏玛政府也积极动员它的科学家参加国际研究委员会各下属组织，然而德国科学家中许多人不理睬政府的敦促,仍严守自尊自立的立场,这使洛伦兹精神大受挫折。当时爱因斯坦曾对美国物理学家密立根说:"在柏林学术界"滋长着"沙文主义的潮流"。

六、站在"经典"和"现代"之间的巨人

1912年,洛伦兹辞去莱顿大学理论物理学教授职务,去哈勒姆担任荷兰博物馆物理厅的主任。该博物馆仿伦敦皇家研究院的模样专为他建立了一个物理实验室。在莱顿大学接替他的职务的人,是他的学生埃伦费斯特。

洛伦兹忠诚于教育事业,在他到哈勒姆后,仍然保留莱顿大学荣誉教授的称号,并在莱顿大学举办了为期十四年的"星期一午前讲座",这种讲座因逢星期一上午11点钟举行而得名。他的听众中有爱因斯坦、埃伦费斯特等人,爱因斯坦是经常专程前来听课的最热心的人。1923年5月,就在洛伦兹七十寿辰前不久,洛伦兹因身体状况不佳而想停止讲座,并做了"最后的讲演"。据爱因斯坦说,这是"动人的告别讲演"。然而,这还不是告别。莱顿大学请求他继续开设讲座,并以年金作为酬谢。盛情之下,洛伦兹把"星期一午前讲座"办了下去,直到1925年才最后停止。

如何评价洛伦兹,是一个很重要的问题。进入20世纪后,洛伦兹不断受到物理学新思想的挑战。他总是勇敢地迎上前去,但又总是受到挫折,因为他仍然深陷于经典力学的框架,总是试图用旧的理论来解释新的发现。例如,普朗克提出量子假设后,他还希望用电子论来解决辐射问题,但得到的结果仍超不出金斯的结论,这就

迫使他接受了普朗克的思想，真正看到了经典力学所描绘的连续的自然图景的缺陷。在他的晚年，除了矩阵力学，他对现代物理学的思想基本上是心悦诚服地接受的。他对年轻的爱因斯坦推崇备至，他常常对人说，他所不能解决的问题是留给爱因斯坦的。因此，他是一位站在经典物理学和现代物理学之间的巨人，正如卡西米尔所说："像爱因斯坦、玻尔一些物理学家甚至在今日仍一定可称为'现代的'，其他则是'经典的'，而洛伦兹兼而有之。"

1928年2月4日，洛伦兹在哈勒姆去世，享年74岁。后来他被誉为荷兰近代史中最伟大的学者。他享受的荣誉超过了荷兰历史上有名的哲学家和物理学家惠更斯。在他出葬的那一天，荷兰电报电话公司停止三分钟，以示默哀，政府大厦降了半旗，车辆易道，送葬路上两旁站满了目送他的人。荷兰皇家和政府官员的代表出席了他的葬礼，爱因斯坦和埃伦费斯特分别作为普鲁士科学院和荷兰科学院的代表给他送葬。爱因斯坦在墓地致辞时说：洛伦兹是"我们时代最伟大、最崇高的人"。

（作者：宋德生）

参考资料

奥斯特 伟大的科学家、教育家

[1] Barry Parer. Einstein's Dream [M]. New York：Plenum Press, 1986.

[2] S. 温伯格. 亚原子粒子的发现 [M]. 北京：科学技术文献出版社, 1988.

[3] J. Hendry. James Clerk Maxwell and the Theory of the Electromagnetic Field [M]. Bristol：Adam Hilger, 1986.

[4] H. C. Oersted. Recherches sur L'identité des Forces Chimiques et Électriques. Paris, 1812.

[5] H. C. Oersted. Des Forces Électriques Considerees Comme des Forces Chimiques [J]. J. Physique, 1806 (62)：370.

[6] H. C. Oersted. Thermoelectricity, Edinburgh Encyclopedia [M]. 1830 (18)：573–589.

[7] H. C. Oersted. Experimenta Circa Effectum Conflictus Electrici in Acum Magneticam [M]. Copenhagen, 1820. 德译文见 Ann Physik, 1820 (66)：295.

[8] C. Blondel. Ampère et la Création de L'Électrodynamique [M]. Paris：Bibliotheque Nationale, 1982：44.

[9] 劳厄. 物理学史 [M]. 北京：商务印书馆, 1978.

[10] W. C. 丹皮尔. 科学史 [M]. 北京：商务印书馆, 1987.

[11] R. C. Stauffer. Speculation and Experiment in the Background of Oersted's Discovery of Electromagnetism [J]. Isis, 1957 (48)：33–50.

莫培督 一个被遗忘的天才

[1] Dictionary of Scientific Biography [M]. vol. 9. New York:Charles Scribner's Sons Publishers,1974:186–188.

[2] 葛力,姚鹏.启蒙思想泰斗伏尔泰[M].北京:世界知识出版社,1989.

[3] 伏尔泰.哲学通信[M].高达观,译.上海:上海人民出版社,1961.

[4] B. Glass. Maupertuis, A Forgotten Genius [J]. Scientific American,1955,193 (4):100–110.

[5] B. Glass. Maupertuis and the Beginnings of Genetics [J]. The Quarterly Review of Biology,1947,22 (3):196–210.

[6] 许良.最小作用量原理与物理学的发展(I)[J].物理,1993(5).

[7] P. Schrecker. Notes sur L'evolution du Principe de la Moindre Action [J]. Isis, 1941 (33):330.

[8] P. E. B. Jourdain. Maupertuis and the Principle of Least Action [J]. The Monist,1912,22 (2):414–459.

[9] 许良.最小作用量原理——美的追求与美的典范[J].自然辩证法研究,1992 (12).

亥姆霍兹 罕有的全才

[1] L. Koenigsberger. Hermann von Helmholtz [M]. English Translation by F. A. Welby. New York:Dover,1965.

[2] Helmholtz. Popular Scientific Lectures [M]. reprint. ed. by Morris Kline. New York:Dover,1962.

[3] Helmholtz. Epistemological Writings [M]. Dordrecht:D. Reidel Publishing Company,1977.

[4] Helmholtz. Das Princip der Kleinsten Wirkung in der Electrodynamik [J]. Annalen der Physik und Chemie,1892 (1).

［5］Helmholtz. Üeber die Physikalische Bedeutung des Princips der Kleinsten Wirkung［J］. Crelle's Journal, 1886（100）:137-166,213-222.

［6］R. Steven Turner. Helmholtz, Hermann von［C］//Dictionary of Scientific Biography. vol. 6. New York:Charles Scribner's Sons Publishers, 1981, pp. 241-258.

［7］Joseph F. Mulligan. Hermann von Helmholtz and His Students［J］. Am. J. Phys., January 1989, 57（1）.

［8］Joseph F. Mulligan. The Influence of Hermann von Helmholtz on Heinrich Hertz's Contributions to Physics［J］. Am. J. Phys., August 1987, 55（8）.

［9］Werner Ebeling. The Berlin School of Thermodynamics founded by Helmholtz and Clausius［J］. Eur. J. Phys., 1991（12）:1-9.

［10］李醒民. 思想领域中最高的音乐神韵［M］. 长沙:湖南科技出版社, 1988.

［11］M. 克莱因. 古今数学思想［M］. 第四册. 北京大学数学系数学史翻译组, 译. 上海:上海科技出版社, 1981.

［12］E. G. 波林. 实验心理学史［M］. 高觉敷, 译. 北京:商务印书馆, 1981.

［13］G. 墨菲, J. 柯瓦奇. 近代心理学历史导引［M］. 上、下册. 林方, 王景和, 译. 北京:商务印书馆, 1980.

［14］荆其诚. 人类的视觉［M］. 北京:科学出版社, 1987.

［15］D. 奥托森. 神经系统生理学［M］. 吕国蔚等, 译. 北京:人民卫生出版社, 1987.

［16］何成均. 亥姆霍兹［C］//中国大百科全书:物理卷I. 上海:上海科技出版社, 1987.

玻耳兹曼　一位深受哲学困扰的物理学家

［1］戈林. 著名物理学家略传［M］. 合肥:安徽科学技术出版社, 1984.

［2］杨仲耆, 申先甲. 物理学思想史［M］. 长沙:湖南教育出版社, 1993.

［3］John Blackmore. Ludwig Boltzmann:His Later Life and Philosophy,1900—1906［C］//Book One:A Documentary History,Dordrecht:Kluwer academic Publishers,1995.

［4］Dictionary of Scientific Biography［M］. vol. 2. New York:Charles Scribner's Sons Publishers,1970:267.

［5］葛墨林,李新洲,关洪. 玻耳兹曼晚年考［J］. 自然杂志. 1990,13（2）:106.

［6］成素梅,钟海琴. 玻耳兹曼的图像论［J］. 科学技术与辩证法,1999（3）.

迈尔　能量守恒定律的发现者

［1］T. S. 库恩. 能量守恒作为同时发现的一例［C］//必要的张力. 福州:福建人民出版社,1981:67-102.

［2］范岱年. 关于能量守恒定律［C］//自然科学哲学问题论丛:第一辑. 南宁:广西人民出版社,1981:22-51.

［3］范岱年. 能量守恒定律的发现［C］//成功之路——科学发现的模式. 北京:人民出版社,1987:346-373.

［4］R. B. Lindsay. Julius Robert Mayer:Prophet of Energy［M］.New York:Pergamon,1973.其中第三部分是迈尔的五篇原始论文的英译文。

［5］B. S. Turner. Mayer,Julius Robert［C］//Dictionary of Scientific Biography. vol. 9. New York:Charles Scribner's Sons Publishers,1974:235-240.

［6］恩格斯. 自然辩证法［M］. 北京:人民出版社,1971.

［7］恩格斯. 反杜林论［M］. 北京:人民出版社,1972.

麦克斯韦　经典物理学的巨匠，现代物理学的先师

［1］J. C. Maxwell. The Scientific Papers of James Clerk Maxwell［M］. 2vols. ed. by W. D. Niven. Cambridge:Cambridge University Press,1890.

[2] N. J. Nersessian. Faraday to Einstein:Constructing Meaning in Scientific Theories [M]. Dordrecht: Martinus Nijhoff Publishers,1984.

[3] C. W. F. 埃弗里特. 麦克斯韦[M].瞿国凯,译.上海:上海翻译出版公司,1987.

[4] 汤姆孙. 马克士威[M].周梦麟,译. 上海:商务印书馆,1935.

[5] J. C. Maxwell. A Treatise on Electricity and Magnetism [M]. 2vols.Cambridge: Oxford University Press,1904.

[6] R. A. R. Tricker. The Contributions of Faraday and Maxwell to Electrical Science [M]. Oxford:Pergamon ,1966.

[7] J. G. Crowther. British Scientists of the Nineteenth Century [M]. London: Kegan Paul,1935.

[8] L. Campbell & W. Garnett. The Life of James Clerk Maxwell [M]. London: Macmillan,1884.

赫兹　杰出的物理学家和敏锐的思想家

[1] Hertz. Miscellaneous Papers [M]. New York:Macmillan 1896.

[2] Hertz. The Principle of Mechanics [M]. New York:Dover,1956.

[3] Charles Coaston Gillispie. Dictionary of Scientific Biography [M]. vol. 6. New York:Charles Scribner's Sons Publishers 1981:340–350.

[4] J. F. Mulligan. Heinrich Hertz and the Development of Physics [J]. Physics Today,March 1989.

[5] 李醒民. 思想领域中最高的音乐神韵[M]. 长沙:湖南科技出版社,1988.

[6] J. F. Mulligan. The Influence of Hermann von Helmholtz on Heinrich Hertz's Contributions to Physics [J]. Am. J. Phys.,August 1987,55（8） .

[7] M. J. Klein. Mechanical Explanation at the End of the Nineteenth Century [J]. Centaurs,1972,17（1） .

[8] Christa Jungnickel & Russel McCormmack. Intellectual Mastery of Nature:

Theoretical Physics from Ohm to Einstein [M]. vol. 2. Chicago：The University of Chicago Press,1986.

[9] J. Mehra & H. Rehenberg. The Historical Development of Quantum Theory [M]. vol. 5. part 1. New York：Springer-Verlag,1987.

[10] Helmholtz. Üeber die Physikalische Bedeutung des Princips der Kleinsten Wirkung [J]. Crelle's Journal,1886,100 (SS)：137–167.

[11] C. H. Brgan. On the Present State of Our Knowledge of Thermodynamics, Specially with Regard to the Second Law [J]. British Associate Report,1891 (61)：85–122.

[12] P. M. Harman. Energy,Force,and Matter [M]. Cambridge：Cambridge University Press,1982.

[13] 维特根斯坦. 逻辑哲学论[M]. 北京：商务印书馆,1996.

[14] 许良英,范岱年. 爱因斯坦文集：第一卷[M]. 北京：商务印书馆,1976.

[15] P. 亚历山大. 赫兹及其科学哲学思想[J]. 科学与哲学,1984 (3).

洛伦兹　　把经典物理学推上最后高度的人

[1] G. L. de Haas-Lorentz. H. A. Lorentz, Impressions of His Life and Work [C]. Amsterdam：North-Holland Publishing Co., 1957.

[2] H. A. Lorentz. Collected Papers [C]. vol. 1. Hague：Martinus Nijhoff Publishers,1937：1–192.

[3] 宋德生. 略谈赫兹及电磁波和光波的同一性[J]. 自然杂志,1982 (5)：377–381.

[4] H. Hertz. Electric Waves [M]. London：Macmillan, 1893 & New York：Dover, 1962.

[5] M. P. Crosland. The Emergence of Science in Western Europe [M].New York：Science History Publications,1976.

[6] N. H. de V. Heathecotte. Nobel Prize Winners in Physics [C]. New York:Henry Schuman,1953.

[7] A. Einstein,H. A. Lorentz,H. Minkowski & H. Weyl. The Principle of Relativity [M]. New York:Dover, 1923:11–34.

[8] D. J. Kevles. The Physicists [M]. New York:Alfred A. Knoff,1978.

[9] H. A. Lorentz. The Theory of Electrons [M]. New York:Dover, 1915.

人名对照表

（按外文姓氏的首字母排序）

A

亚当斯——J. C. Adams

艾根特拉——H. E. V. Aigentler

艾里——C. B. Airy

安培——A. M. Ampère

阿拉戈——D. F. J. Arago

阿伦尼乌斯——S. A. Arrhenius

B

卡尔·鲍威尔——Carl Baur

柏格森——Begson

贝尔——A. G. Bell

贝拉尔——Berard

丹尼尔·伯努利——Daniel Bernoulli

约翰·伯努利——Johann Bernoulli

毕奥——J. B. Biot

勒·布隆德——Le Blond

玻尔——N. Bohr

玻耳兹曼——Ludwig Eduard Boltzmann

德·博尔克——M. de Borck

玻恩——M. Born

布里渊——L. Brillouin

布吕克——E. Brücke

巴特勒——H. M. Butler

C

卡文迪许——H. Cavendish

卡齐米尔——H. B. G. Casimir

弗朗西斯·凯——Frances Cay

凯莱——A. Cayley

夏特莱侯爵夫人
　　　　——Marquise du Châtelet

谢弗勒尔——M. E. Chevreul

克莱罗——A. C. Clairaut

克劳修斯——R. E. Clausius

克洛斯——Wilhelmine Closs

科尔丁——L. A. Colding

孔德——A. Comte

科塔——Cotta

克罗斯兰——M. P. Crosland

克劳瑟——J. G. Crowther

居里夫妇——Mirs Curie

居维叶——B. G. Cuvier

D

达朗贝尔——D'Alembert
戴维——Humphrey Davy
德哈斯——W. J. de Haas
德拉罗赫——Delaroch
笛卡儿——R. Descartes
德文郡公爵
　　——Seventh Duke of Devonshire
凯瑟琳·玛丽·迪尤尔
　　——Katherine Mary Dewar
伊丽莎白·多尔
　　——Elisabeth Doll
杜波依斯·雷蒙德
　　——E. DuBois-Reymond
欧根·杜林——Eugen Dühring
杜隆——P. L. Dulong

E

埃伦费斯特——P. Ehrenfest
埃尔曼——Erman
埃斯马克——Esmarch
欧拉——Euler
埃弗里特——C. W. Everitt

F

法拉第——M. Faraday
费希纳——G. T. Fechner
费马——Fermat
费希特——J. G. Fichte
斐兹杰惹——G. Fitzgerald
斐索——H. L. Fizeau
弗莱明——Fleming
福布斯——J. D. Forbes
富兰克林——B. Franklin
夫琅和费——J. von Fraunhofer
菲涅耳——A. J. Fresnel

G

加尼特——W. Garnett
吉布斯——J. W. Gibbs
吉尔伯特——L. W. Gilbert
戈德斯坦——E. Goldstein
格里森格尔——Griesenger
古基尼——Guisnee

H

霍尔——E. H. Hall
哈密顿——Sir William Hamilton
哈泽内尔——G. F. Hasenöhrl

黑格尔——G. W. F. Hegel
海森伯——W. Heisenberg
亥姆霍兹
　　——Hermann Ludwig Ferdinand von Helmholtz
亨齐——Henzi
希罗——Heron
赫兹——Heinrich Rudolf Hertz
海耶——D. R. Hey
希克斯——W. M. Hicks
霍普金斯——W. Hopkins
霍特——F. J. A. Hort
洪堡——A. von Humboldt
卢贝塔·胡布克斯
　　——Luberta Hupkes
惠更斯——C. Huygens

J

金斯——James Jeans
冯约利——P. G. von Jolly
焦耳——J. P. Joule

K

凯泽——F. Kaiser
康德——I. Kant
凯泽尔——H. Kayser

凯兰——Kelland
开尔文——Kelvin
凯恩斯——J. M. Keynes
基尔霍夫——G. R. Kirchhoff
塞缪尔·柯尼希——Samuel König
克罗内克——L. Kronecker

L

拉孔达米纳——Lacondamine
拉格朗日——Lagrange
朗德——A. Lande
朗之万——P. Langevin
拉莫尔——J. Larmor
劳厄——M. T. F. von Laue
拉瓦锡——A. L. Lavoisier
莱布尼茨——W. Leibnitz
勒纳德——P. E. A. Lenard
李比希——J. von. Liebig
洛奇——O. J. Lodge
洛伦兹——H. A. Lorentz
约瑟福·洛施密特——J. Loschmidt

M

马赫——E. Mach
马格努斯——H. G. Magnus
马可尼——Marconi

皮埃尔·路易·莫罗·德·莫培督
　　——Pierre Louis Moreau De Maupertuis
麦克斯韦——James Clerk Maxwell
弗里茨·迈尔——Fritz Mayer
迈尔——Julius Robert von Mayer
拉梅特里——La Mettrie
米凯利斯——C. J. Michaelis
迈克耳孙
　　——Albert Abraham Michelson
密立根——R. A. Millikan
密切利希——E. Mitscherlish
莫雷——E. W. Morley
缪勒——Johannes Müller

N

长冈半太郎——H. Nagaoka
能斯特——W. Nernst
诺伊曼——F. E. Neumann
尼科尔——Nicole
尼文——W. D. Niven
诺特——E. Noether

O

奥斯特——Hans Christian Oersted
欧姆——G. S. Ohm
昂纳斯——H. K. Onnes
奥斯特瓦尔德——F. W. Ostwald

P

帕克——Barry Parker
泡利——W. Pauli
皮兰——J. Perrin
普朗克——M. Planck
波根多夫——J. C. Poggendorf
庞加莱——H. Poincaré
普耶——C. S. M. Pouillet
坡印廷——J. H. Poynting
浦品——I. Pupin

R

兰金——Rankine
瑞利——Lord Rayleigh
黎曼——G. F. B. Riemann
黎斯——Riesz
里特尔——J. W. Ritter
伦琴——Wilhelm Röntgen
亨里希·诺斯——Henrich Rose
劳思——E. J. Routh
罗兰——H. Rowland
雅可布·鲁——Jacob Ruhe
拉姆福德——Count Rumford
罗素——B. Russell
卢瑟福——E. Rutherford

S

席勒——F. Schiller

A. 施莱格尔——A. Schlegel

F. 施莱格尔——F. Schlegel

舍恩拜因——Schönbein

叔本华——A. Schopenhauer

施雷克——P. Schrecker

司各特——Walter Scott

塞贝克——T. J. Seebeck

赛弗——Seyffer

西奇威克——H. Sidgwick

索尔维——Ernest Solvay

索末菲——A. Sommerfeld

斯宾塞——H. Spencer

斯塔特——H. Van de Stadt

斯托弗——R. C. Stauffer

约瑟福·斯忒藩——J. Stefan

斯蒂芬——J. F. Stephen

斯托克斯——G. G. Stokes

托马斯·萨顿——Thomas Sutton

T

泰特——P. G. Tait

汤姆孙——J. J. Thomson

威廉·汤姆孙——W. Thomson

蒂默——Timmer

托德——D. P. Todd

廷德耳——John Tyndall

V

伏尔泰——Voltaire

德弗里斯——Hugo de Vries

W

范德瓦耳斯——J. D. van der Waals

韦伯——W. Weber

温伯格——S. Weinberg

韦罗克——Jacob. J. Weyrauch

休厄尔——W. Whewell

怀特海——A. N. Whitehead

维恩——W. Wien

维纳——N. Wiener

威尔逊——G. Wilson

温特尔——J. J. Winterl

Y

托马斯·杨——Thomas Young

Z

塞曼——P. Zeeman

策尔纳——Zöllner